coleção fábula

Patrick Deville
Peste e cólera

Tradução de
Marília Scalzo

editora 34

último voo	11
insetos	14
em Berlim	18
em Paris	23
o descartado	30
na Normandia	33
uma grande torre de ferro no centro do mundo	37
um médico a bordo	41
em Marselha	43
no mar	46
vidas paralelas	52
Albert e Alexandre	57
no voo	61
em Haiphong	65
um médico dos pobres	68
a longa marcha	72
em Phnom Penh	75
um novo Livingstone	80
em Da Lat	83
Arthur e Alexandre	87
ao encontro dos sedang	90
em Hong Kong	99
em Nha Trang	106
em Madagascar	110
a vacina	113
em Cantão	117
em Bombaim	122
a vida real	129
em Hanói	135
a controvérsia das galinhas	141
uma arca	145
um posto avançado do progresso	148
o rei da borracha	152
para a posteridade	158
frutas e legumes	163
em Vaugirard	169
máquinas e ferramentas	174
o rei do quinino	178
Alexandre e Louis	182
quase um *dwem*	186
sob a varanda	191
o fantasma do futuro	194
a turma	199
o mar	203
agradecimentos	207

Ah! sim, tornar-se legendário,
No limiar dos séculos charlatões!
JULES LAFORGUE

Peste e cólera

último voo

A mão envelhecida e manchada, com o polegar cortado, afasta a fina cortina. Depois da noite insone, os tons avermelhados do amanhecer, o glorioso címbalo. O quarto de hotel branco-neve e ouro-pálido. Ao longe, por trás da névoa, a luz quadriculada da grande torre de ferro. Abaixo, as árvores verdes da praça Boucicaut. A cidade está calma na primavera da guerra. Invadida por refugiados. Todos aqueles que achavam que sua vida seria sedentária. A velha mão solta o trinco da janela e segura a alça da mala. Seis andares abaixo, Yersin passa pela porta giratória de madeira envernizada e latão. Um motorista em uniforme fecha a porta do táxi. Yersin não foge. Nunca fugiu. Reservou esse voo meses antes, numa agência em Saigon.

É um homem quase calvo agora, a barba branca e os olhos azuis. Jaqueta e calça bege, camisa branca sem gravata. As portas envidraçadas do aeroporto de Le Bourget dão para uma pista onde está parado um hidroavião. Uma baleiazinha branca com sua barriga arredondada, para doze passageiros. A escada é encostada ao lado esquerdo da cabine, pois os primeiros aviadores, como Yersin, eram cavaleiros. Ele parte para reencontrar seus cavalinhos anamitas. Nos bancos do salão de espera, um punhado de fugitivos. No fundo de suas malas, sob as camisas e os vestidos de noite, vão documentos e lingotes. As tropas alemãs estão às portas de Paris. Os que estão ali, consultando o relógio da parede e seus relógios de pulso, são ricos o suficiente para não colaborar.

Bastaria uma motocicleta com *sidecar* da Wehrmacht para manter no solo a baleiazinha branca. Não dá mais tempo, Yersin ignora as conversas preocupadas, escreve uma ou duas frases em um caderno. As hélices giram acima do cockpit na junção entre as asas. Ele atravessa a pista. Os fugitivos gostariam de empurrá-lo, de obrigá-lo a correr. Todos estão sentados a bordo e o ajudam a subir a escada. É o último dia de maio de 40. O calor faz dançar sobre a pista a miragem de uma poça d'água. O avião vibra e alça voo. Os fugitivos enxugam o rosto. É o último voo da Air France em muitos anos. Mas isso ainda não se sabe.

É também o último voo de Yersin. Nunca mais voltará a Paris, nunca mais reverá seu quarto no sexto andar do Lutetia. Desconfia disso, observa embaixo as colunas do êxodo pela Beauce. As bicicletas e as charretes carregadas de móveis e colchões. Os caminhões movendo-se devagar entre as pessoas. Tudo isso lavado pelas chuvas de primavera. Colunas de insetos assustados fugindo dos cascos do tropel. Seus vizinhos no Lutetia, todos, deixaram o hotel. Joyce, o irlandês alto e empertigado, de óculos, terno e colete, já está em Allier. Matisse passa por Bordeaux e depois parte para Saint-Jean-de-Luz. O avião passa sobre Marselha. Entre as duas pinças que se fecham, a do fascismo e a do franquismo. Enquanto se ergue ao norte, antes de atacar, a cauda do escorpião. A peste marrom.

Ele as conhece, Yersin, as duas línguas e as duas culturas, a alemã e a francesa, e suas velhas brigas. Conhece

também a peste. Ela tem seu nome. Há quarenta e seis anos já, nesse último dia de maio de 40 em que pela última vez sobrevoa a França e seu céu tempestuoso.
Yersinia pestis.

insetos

O velho folheia o caderno e depois cochila com o trepidar do avião. Havia dias que não conseguia dormir. O hotel estava invadido por voluntários da Defesa Civil com braçadeiras amarelas. À noite, os alertas. As poltronas dispostas no abrigo do subsolo, no fundo das galerias onde descansavam as garrafas. Por trás das pálpebras fechadas, o movimento do sol sobre o mar. O rosto de Fanny. A viagem de um jovem casal pela Provence, até Marselha, para capturar insetos. Como escrever a história do filho sem a do pai? Essa foi breve. O filho nunca o conheceu.

Em Morges, no cantão de Vaud, na casa dos Yersin como na casa dos vizinhos, não há miséria, mas uma estrita frugalidade. Ali, um tostão vale um tostão. As saias puídas das mães passam para as empregadas. O pai consegue, com aulas particulares, fazer seus estudos em Genebra, torna-se professor do ensino secundário, apaixonado por botânica e entomologia, mas para conseguir sobreviver cuida da administração da Casa de Pólvora. Veste a casaca preta dos cientistas e usa cartola, conhece todos os coleópteros, especializa-se nos ornitópteros e nos acridídeos.

Desenha os gafanhotos e os grilos, mata-os, põe no microscópio os élitros e as antenas, envia comunicações para a Sociedade de Ciências Naturais de Vaud e até para a Sociedade Entomológica da França. E logo é intendente da Casa de Pólvora, o que não é pouco. Segue estudando o sistema nervoso do grilo-do-campo e moderniza a Casa de Pólvora. Ao tombar, a cabeça esmaga o último grilo. Um braço, numa última contração, derruba os vidros. Alexandre Yersin morre aos trinta e oito anos. Um escaravelho verde atravessa sua face. Uma esperança esconde-se em seus cabelos. Um besouro da batata entra em sua boca aberta. Sua jovem esposa Fanny está grávida. A viúva do patrão deverá deixar a Casa de Pólvora. Depois das cerimônias fúnebres, entre pilhas de lençóis e de louça, uma criança nasce. Recebe o nome do marido morto.

Em Morges, à beira do lago de águas limpas e frias, a mãe compra a Casa das Figueiras, que transforma em pensão para moças. Fanny é elegante e conhece as boas maneiras. Ensina etiqueta e cozinha, um pouco de pintura e de música. Ao longo de toda a vida, o filho desprezará essas atividades, confundirá arte com diversões de salão. Todas essas bobagens da pintura e da literatura para ele lembrarão a futilidade daquelas que chamará em sua correspondência de "as macacas".

A pensão desperta nele ideias selvagens, fazer armadilhas, destruir ninhos, acender fogo com lupa, voltar para casa coberto de lama como se volta da guerra ou de uma exploração na selva. O menino fica sozinho e anda pelo campo, nada no lago ou constrói pipas. Captura insetos, desenha-os, perfura-os com uma agulha e fixa-os em uma cartolina. O rito de sacrifício ressuscita os mortos. Do pai — como, numa tribo guerreira, a lança e o escudo — herda as armas, acha o microscópio e o bisturi em um baú no celeiro. Eis um segundo Alexandre Yersin e um segundo entomologista. As coleções do morto estão no museu de Genebra. Eis aí uma meta de vida: consumir seus dias com estudos austeros, esperando sua vez de sofrer a explosão de uma artéria no cérebro.

De geração em geração, além de torturar insetos, as distrações em Vaud não são muitas. Até a ideia de se distrair é suspeita. Nesses lugares, a vida é uma redenção do pecado de viver. A família Yersin expia à sombra da Igreja Evangélica Livre, nascida em Lausanne de uma divisão no seio do protestantismo de Vaud. Ali negam ao Estado o direito de pagar seus pastores e de manter seus templos. Em sua privação e seu rigor, os fiéis esfolam-se para garantir as necessidades dos pregadores. É bem mais difícil do que manter um padre, mesmo bom de garfo. O pastor, para agradar a Deus—crescei e multiplicai-vos—, é uma espécie que se reproduz numa velocidade alucinante. São famílias imensas no fundo dos ninhos, com os bicos abertos. As saias puídas das mães não vão mais para as empregadas. Os fiéis vestem, como se fosse uma toga, seu elitismo e sua probidade. São os mais puros e os mais distanciados da vida material, os aristocratas da fé.

Dizem que, dessa frieza arrogante dos domingos gelados, o jovem conservará a franqueza abrupta e o desprezo pelos bens deste mundo. O bom aluno entediado torna-se um adolescente estudioso. Os únicos homens admitidos na Casa das Figueiras, na sala de visitas florida, são os médicos amigos da mãe. É preciso escolher entre a França e a Alemanha e seus dois modelos universitários. A leste do Reno, o curso magistral e teórico, a ciência proferida da cátedra por sábios vestidos de preto com colarinho de celuloide. Em Paris o ensino clínico à cabeceira do doente, usando avental, no modelo chamado patronal, inventado por Laennec.

Escolherá Marburg por causa da mãe e dos amigos da mãe. Yersin teria preferido Berlim, mas irá para o interior. Fanny aluga para o filho um quarto na casa de um honorável professor, uma sumidade que prega na universidade, mas assiste aos cultos. Yersin submete-se para se distanciar da barra das saias. Mudar. Seus sonhos são os de uma criança. É o início de uma correspondência com Fanny que só acabará com a morte dela. "Quando eu for médico, vou buscar você e nos estabeleceremos no sul da França ou na Itália, não é?"

O francês torna-se uma língua secreta, materna, um tesouro, a língua da noite, das cartas para Fanny.

Ele tem vinte anos e sua vida a partir de agora é falada em alemão.

em Berlim

Primeiro, terá de atravessar um longo ano. Em uma carta escrita em julho, diz que "como sempre, chove, faz frio, decididamente Marburg não é a terra do sol". O ensino doutoral e o clima o decepcionam. O pensamento de Yersin é pragmático, experimental, tem necessidade de ver e de tocar, de manipular, de fazer pipas. A sumidade que o recebe tem uma face austera, daquelas estampadas em notas de dinheiro. Os americanos têm uma palavra para isso: *dwem*.[1] Velhos sábios brancos, seletos e doutos, de barbicha e pincenê.

Marburg tem quatro universidades, um teatro, um jardim botânico, um tribunal e um hospital. Tudo ao pé do castelo dos senhores de Hessen. Um pesquisador, um escriba munido de uma caderneta, um fantasma do futuro seguindo os passos de Yersin, descendo no hotel Zur Sonne, andando pelas ruas íngremes atrás dos traços da juventude do herói, ao longo do rio Lahn, acha sem dificuldade a grande casa de pedras enxaimel, no

---

[1] Em inglês no original: abreviatura de *dead white European male*. (N.T.)

centro dessa ilha pacífica de cultura sob o céu cinza e baixo, no fundo da qual sofre o jovem de severos olhos azuis e barba nascente.

O fantasma atravessa as muralhas e o tempo, vê atrás da fachada enxaimel a madeira escura dos móveis, o couro escuro das poltronas e das encadernações na biblioteca. Preto e marrom, como em um quadro flamengo. À noite, o amarelado das luzes, a bênção sussurrada, o jantar silencioso. O pêndulo do relógio lança um reflexo e move a engrenagem que tiquetaqueia. No frontão da Câmara Municipal, a cada hora a morte vira sua ampulheta. Ninguém lhe dá atenção. Este presente é perpétuo. O mundo tem pouco a evoluir. A civilização está em seu apogeu. Faltam apenas alguns detalhes por ajustar. Provavelmente, alguns medicamentos por aperfeiçoar.

Na cabeceira da mesa ergue-se o solene e silencioso Júpiter, o professor Julius Wilhelm Wigand, doutor em filosofia, diretor do Instituto de Farmácia, administrador do Jardim Botânico, decano da faculdade. À noite recebe em seu escritório o jovem de Vaud. Sua solicitude é paternalista. Adoraria guiar o jovem em sua ascensão acadêmica e evitar que cometesse erros. Por isso critica sua amizade com esse tal de Sternberg cujo nome diz tudo. Aconselha-o a entrar em uma confraria. Mas Yersin, esse estudante tímido sentado em uma poltrona diante dele, nunca teve pai. E não precisou disso até agora.

Inscritos em medicina, direito, botânica ou teologia, os estudantes de Marburg têm em comum, nove entre dez, o fato de pertencer a uma confraria. Depois dos ritos de admissão e proferidos os juramentos, a atividade consiste em ir todas as noites à mesma taverna com paredes cobertas de brasões para encher a cara e duelar. Protegem a garganta com uma echarpe e o coração com um plastrão, e desembainham as espadas. Param ao primeiro sangue. Nascem amizades indefectíveis. Exibem-se os cortes no corpo como mais tarde as medalhas no uniforme. Um em cada dez, no entanto, é excluído dessa camaradagem. É o *numerus clausus* atribuído aos judeus pela lei universitária.

O jovenzinho vestido de preto escolheu a calma do estudo, as caminhadas no campo, as discussões com Sternberg. Os cursos de anatomia e de clínica são dados no anfiteatro enquanto os dois queriam já conhecer o hospital. Dissecar. Entrar na carne viva. Em Berlim, onde finalmente Yersin vai morar, ele assiste na mesma semana a duas ressecções de quadril, operação que só acontecia uma vez por ano em Marburg. Enfim, caminha nas ruas de uma grande capital. Naquele ano, os hotéis estão cheios de diplomatas e exploradores. Berlim torna-se a capital do mundo.

Por iniciativa de Bismarck, todas as nações coloniais encontram-se ali diante do atlas para dividir a África. É o Congresso de Berlim. O mítico Stanley, que catorze anos antes encontrara Livingstone, representa o rei dos belgas, proprietário do Congo. Yersin lê os jornais, descobre a vida de Livingstone, e Livingstone torna-se seu modelo: o escocês ao mesmo tempo explorador, homem de ação, cientista, pastor, descobridor do Zambeze e médico, perdido durante anos nos territórios desconhecidos da África Central, e que, depois de ser encontrado por Stanley, escolhe ficar ali, onde morrerá.

Um dia Yersin será o novo Livingstone.

Escreve isso numa carta para Fanny.

A Alemanha, como a França e a Inglaterra, constrói um império a golpes de sabre e de metralhadora, coloniza Camarões, a atual Namíbia, a atual Tanzânia e até Zanzibar. No ano do Congresso de Berlim, Arthur Rimbaud, autor de *O sonho de Bismarck*, transporta em lombo de camelo dois mil fuzis e sessenta mil cartuchos para o rei Menelik na Abissínia. Ele, que foi um poeta francês, promove a influência francesa, opõe-se aos objetivos territoriais dos ingleses e dos egípcios, conduzidos por Gordon. "Gordon é um idiota, Wolseley, um asno, e todas as suas empreitadas são uma sequência insensata de absurdos e de depredações." Ele é o primeiro a considerar a importância estratégica desse porto que chama de "Dhjibouti", assim como Baudelaire escrevia "Saharah", escreve um relatório de exploração para a Sociedade de Geografia, manda artigos geopolíticos para o jornal *Le Bosphore Égyptien*, que encontram eco na Alemanha, na Áustria, na Itália. Conta os estragos da guerra. "Os abissínios devoraram em alguns meses a provisão de sorgo deixada pelos egípcios e que seria suficiente para vários anos. A fome e a peste são iminentes."

A peste é propagada por um inseto. A pulga. Mas isso ainda não se sabe.

De Berlim, Yersin vai a Iena. Compra na Carl Zeiss o microscópio mais moderno, do qual nunca mais se separará e que o seguirá em sua bagagem ao redor do mundo, o microscópio que, dez anos depois, identificará o bacilo da peste. Carl Zeiss é uma espécie de Spinoza e, para esses dois, o polimento dos vidros foi propício à reflexão e à utopia. Baruch Spinoza também era judeu, diz Sternberg. Eis novamente os dois estudantes em Marburg, debruçados alternadamente sobre a lente nova, brincando com o parafuso de foco sobre a geometria de uma asa de libélula. Yersin viu também as violências antissemitas, as vitrines quebradas, os socos. Nas conversas dos dois estudantes talvez surja a palavra "peste".

Confunde-se frequentemente, ao menos enquanto não se contrai nem uma nem outra, a peste com a lepra. A grande peste da Idade Média, a peste negra, causou vinte e cinco milhões de mortes. Metade da população da Europa foi dizimada. Nenhuma guerra jamais provocou tamanha hecatombe. A amplitude do flagelo é metafísica, revela a ira divina, o Castigo. Os suíços nem sempre foram os mansos defensores da tolerância e da moderação. Cinco séculos antes, os de Villeneuve, à beira do lago, queimaram vivos os judeus acusados de espalhar a epidemia por envenenamento dos poços. Cinco séculos depois, se o obscurantismo refluiu, o ódio continua o mesmo. Não se sabe muito mais sobre a peste. Como ela vem, mata e desaparece. Talvez um dia. Os dois estudantes acreditam na ciência. No progresso. Curar a peste seria matar dois coelhos com uma cajadada, diz Sternberg. Yersin comunica-lhe sua partida para a França.

No próximo ano, prosseguirá seus estudos em Paris. Nesse ano do Congresso de Berlim, enquanto Arthur Rimbaud gasta suas pernas nas pedras dos desertos atrás dos camelos, Louis Pasteur salva o pequeno Joseph Meister. Curar a raiva com a vacina é uma porta que se abre. Logo não se terá mais que escolher entre a peste e o cólera, bastará curar. Yersin tem a vantagem de ser bilíngue. Mesmo se o fosse, Sternberg hesitaria. Berlim ou Paris, Cila ou Caribdis. Um pessimista lúcido, esse Sternberg, se é que isso não é um pleonasmo. Dez anos depois, no início do caso Dreyfus, não se verá o nome de Yersin assinando nenhuma petição. Os horrores da Europa não tardarão a lhe inspirar o gosto pelos antípodas. Quando chegar a hora do processo, Yersin estará em Nha Trang ou em Hong Kong.

em Paris

Quando Yersin descobre a outra capital, descobre também o antigermanismo. É preferível, em Paris, em vez do capacete pontudo e das árias da Baviera, cantar o iodelei e usar o esquisito chapéu suíço.

Há quinze anos, depois de Sedan, a França está menor, e isso incomoda. Amputada da Alsácia e da Lorena, vinga-se conquistando um vasto império além-mar, muito maior que o dos alemães. Das ilhas do Caribe às da Polinésia, da África à Ásia: assim como no Império Britânico, o sol também não se põe no império da bandeira tricolor. Nesse ano, Pavie, o explorador do Laos, encontra Brazza, o explorador do Congo. Foi na rua Mazarine, no La Petite Vache, onde se reúne também o grupinho dos saarianos. A Marinha francesa tomou dois anos antes, a partir da Cochinchina, as províncias de Annam e de Tonkin. Yersin leu os relatos, olhou os mapas. Ali estavam homens que não escolheriam jamais vegetar em Marburg. Está convencido do acerto de sua escolha. É ali que precisa viver.

Talvez pela última vez em sua história, Paris é uma cidade moderna. Acabaram as reformas de Haussmann. O mapa do metrô é desenhado. "Entro no Museu do

Louvre. Hoje visito as antiguidades egípcias." Yersin lê os jornais no salão do Bon Marché. A família Boucicaut, proprietária da loja, construirá o hotel Lutetia, em frente, vinte e cinco anos depois. E, no fim de sua vida, Yersin se habituará a passar ali temporadas de várias semanas a cada ano, depois de, para isso, atravessar o planeta, sempre no sexto andar, num quarto de esquina, a poucas centenas de metros de seu primeiro endereço de estudante, um quartinho apertado na rua Madame, de onde ele conta a Fanny que, esticando o pescoço, consegue ver uma torre da igreja de Saint-Sulpice.

Na rua d'Ulm, Louis Pasteur acaba de fazer com sucesso uma segunda vacinação antirrábica. Depois do menino alsaciano Joseph Meister, a de Jean-Baptiste Jupille, o do Jura. Logo veio gente de toda parte. Até então, nos campos e nas florestas cobertas de neve, na França como na Rússia, a medicação consistia em amarrar os raivosos e sufocá-los antes de levar uma mordida. A aventura está na esquina da rua d'Ulm, assim como nas curvas das dunas saarianas. A nova fronteira da microbiologia. O estudante estrangeiro de vinte e dois anos que lê jornais é sustentado pela mãe. Usa, como todos os homens de então, a barba cortada curta e um paletó escuro, janta em espeluncas onde os proletários tomam seus tragos achando que cada garrafa esvaziada é mais uma que os boches não pegarão, e seria tolice, patrão, deixar o barril para eles. "Testemunhei uma discussão violenta entre operários e um indivíduo de origem alemã, creio, que cometeu a infelicidade de falar em sua língua natal e quase apanhou."

Por hora, é ele quem come o pão que o diabo amassou. Inscreve-se no primeiro curso de bacteriologia ministrado pelo professor Cornil. A disciplina é nova. Ao longo de toda a vida, Yersin sempre escolherá o que há de mais novo e de absolutamente moderno.

Em alguns meses, Pasteur estará vacinando sem parar. Em janeiro de 86, de cerca de mil vacinados, seis morrem, quatro mordidos por lobo e dois por cachorro. Em julho: chega-se perto de dois mil casos de sucesso e apenas dez fracassos. Os cadáveres são expedidos para o necrotério do Hôtel-Dieu, onde Cornil encarrega Yersin de fazer as necropsias. O veredicto do microscópio de Carl Zeiss é claro: a observação da medula demonstra a inocuidade da vacinação. Os que morreram foram tratados tarde demais. Yersin encaminha os resultados ao assistente de Pasteur, Émile Roux. Dá-se o encontro dos dois órfãos de avental, em pé no necrotério do Hôtel-Dieu, entre os cadáveres dos hidrófobos, e suas vidas se transformam.

O órfão de Morges e o órfão de Confolens.

Roux apresenta Yersin a Pasteur. O jovem tímido descobre o lugar e o homem, escreve uma carta para Fanny: "O gabinete do senhor Pasteur é pequeno, quadrado, com duas grandes janelas. Perto de uma janela há uma pequena mesa sobre a qual ficam os frascos de vidro contendo os vírus a inocular".

Logo Yersin instala-se entre eles na rua d'Ulm. A cada manhã, uma longa fila de hidrófobos impacientes forma-se na entrada. Pasteur ausculta, Roux e Grancher vacinam, Yersin prepara. Está contratado, pagam-lhe um pequeno salário. Nunca mais deverá nada a ninguém. O órfão de Morges e o órfão de Confolens encontraram um pai no austero cientista do Jura. O homem da sobrecasaca preta e do grande nome bíblico, um nome capaz de guiar os rebanhos rumo às pastagens e as almas rumo à redenção.

Diante da Academia de Ciências, Louis Pasteur, doente, mas ainda administrador da Escola Normal superior, conclui sua apresentação. Há bom motivo para criar um estabelecimento de vacinação contra a raiva. A prefeitura de Paris põe à sua disposição provisoriamente uma construção em ruínas, feita de tijolos e madeira, com três andares, na rua Vauquelin, e o pequeno grupo instala-se de vez ali. É o começo de sua vida comunitária. Nos estábulos, nos canis, na sala de inoculação. A turma de Pasteur ocupa os quartos nos andares de cima. Roux, Loir, Grancher, Viala, Wasserzug, Metchnikoff, Haffkine, Yersin. Este fica bravo e franze a testa quando o chamam de Yersine, como Haffkine, por causa de seu sotaque. Toda manhã sai de casa para seguir seus cursos de medicina na rua des Saints-Pères. Ao meio-dia, almoça num pequeno café na rua Gay-Lussac. Escolhe para sua tese a difteria e a tuberculose, que ainda é chamada de tísica na poesia. Faz suas observações clínicas no hospital Enfants-Malades, retira material para análise do fundo das gargantas inchadas, extrai membranas, tenta isolar a toxina diftérica, lê nas revistas os relatos dos exploradores.

Uma subscrição internacional foi aberta pelo Banco da França em benefício de Louis Pasteur. O dinheiro começa a chegar. O czar da Rússia, o imperador do Brasil e o sultão de Istambul mandam sua contribuição, e também gente comum cujos nomes são impressos a cada manhã no Diário Oficial. O velho Pasteur acompanha a litania. Chora quando vê que o jovem Joseph Meister enviou três tostões. Compra um terreno no décimo quinto *arrondissement*. Roux e Yersin, a cada semana, inspecionam os trabalhos na rua Dutot, voltam para a rua d'Ulm, e encontram a turma no apartamento de Louis Pasteur e de sua mulher, onde os planos são desenvolvidos. O velho homem da sobrecasaca preta já sofreu dois derrames, fala com dificuldade, seu braço esquerdo está paralisado, puxa uma perna. Roux e Yersin desenham com o arquiteto uma escada interna para o próximo Instituto com degraus mais baixos e mais numerosos.

Para o velho Pasteur, acabaram-se as descobertas. Depois dele, será Roux, o eleito, o melhor entre os filhos, o herdeiro putativo. Seu último combate é teórico. Contra ele, há mais de vinte anos, os defensores da geração espontânea brotam do nada como por milagre. Ele defende que nada nasce do nada. Mas há a questão de Deus. Por que nos ocultar todos esses micróbios durante séculos. Por que as crianças mortas, sobretudo as pobres. Fanny inquieta-se. Pasteur e Darwin. A origem das espécies e a evolução biológica, do micróbio ao homem, contrariam os textos sagrados. Yersin sorri, e com ele toda a turma. Logo tudo ficará claro, bastará explicar, ensinar, reproduzir as experiências. Como poderiam imaginar que um século e meio depois metade da população do planeta ainda defenderá o criacionismo?

Nos anos em que se constitui a turma dos pasteurianos, o grupo dos saarianos continua se encontrando na rua Mazarine, enquanto se extingue o dos parnasianos. As três turminhas coabitaram por algum tempo. Na mesma cidade e nas mesmas ruas. Banville, o doce poeta, mora ainda na rua de Buci onde emprestava seu pequeno quarto para Rimbaud antes que este se mudasse com Verlaine para a rua Racine. Depois da partida do extralúcido, a turma dos parnasianos se esfacela. Frequentam ainda por hábito seus laboratórios, que são os bistrôs, onde se elaboram outros elixires, as fadas multicores que se instalam no cérebro dos parnasianos agora decrépitos trazem à tona o verso alexandrino escondido que se replica sem cessar em dípticos cada vez mais anêmicos. Nessa época do microscópio e da seringa absolutamente modernos, o alexandrino se extingue, morto por um golpe de mestre do jovem poeta que partiu para vender fuzis ao rei de Choa, Menelik II, futuro imperador da Etiópia.

 Yersin lê tudo sobre ciência e relatos de exploradores. Trabalha na calma e na solidão, como se fosse um diletante, com ar de quem não liga para nada, é assim a elegância. À noite, ferve suas gororobas de micróbios e prepara seus reagentes. É fascinante ter todo esse material à sua disposição. Enfim os trabalhos práticos, as pipas. Abre gaiolas de frangos e ratos, retira amostras, inocula, depois cria em um coelho, numa jogada genial, uma tuberculose experimental de um novo tipo: chamada tifo-bacilar ou tifo-bacilose.

 O jovem vestido de preto volta ao laboratório e mostra a Roux suas amostras. Ou talvez tire de sua cartola o coelho branco que segura pelas duas orelhas e depõe sobre a bancada do laboratório. Achei uma coisa. Roux ajusta o parafuso de foco do microscópio entre seus dedos polegar e indicador, levanta os olhos, vira a cabeça, olha para o estudante tímido franzindo as sobrancelhas. A "Tuberculose tipo Yersin" entra para os livros de ensino de medicina, e só por conta disso seu nome já alcançaria a posteridade para os clínicos gerais e os historiadores da medicina. O grande público, no entanto, teria rapidamente esquecido, e ainda hoje, apesar da peste, Yersin não é lá muito conhecido. O pobre coelho tísico tosse e cospe seus pulmões, morre sobre a bancada. Gotas de sangue vermelho mancham seu pelo branco. Esse mártir vale ao jovem uma primeira publicação nos *Anais do Instituto Pasteur*, assinada por Roux & Yersin. Ele, no entanto, ainda não é médico, nem francês.

Três anos depois de sua chegada a Paris, aos vinte e cinco anos, Yersin escreve sua tese, defende-a, recebe uma medalha de bronze que guarda no bolso para dar a Fanny. Pela manhã é declarado doutor em medicina e à noite toma um trem para a Alemanha. Pasteur pediu a ele que se inscrevesse no curso de microbiologia técnica que Robert Koch, o descobridor do bacilo da tuberculose, acaba de criar no Instituto de Higiene de Berlim. Yersin é suíço e bilíngue. Parece espionagem. Aquele que ele chama de "o grão-lama Koch" em seus cadernos ataca violentamente Pasteur em seus artigos. Yersin segue as vinte e quatro aulas, enche seus cadernos, traduz Koch para Pasteur, desenha uma planta do laboratório, redige um relatório, e conclui que não será difícil fazer melhor em Paris.

Logo depois de seu retorno publica um segundo artigo assinado por Roux & Yersin. As instalações do futuro Instituto Pasteur são inauguradas com pompa pelo chefe de Estado Sadi Carnot e seus convidados internacionais. Yersin ainda é suíço. A lei reserva o exercício da medicina apenas aos cidadãos da República. Inicia as diligências, envia uma carta para Fanny. Seus antepassados por parte de mãe são franceses e o caso é rapidamente resolvido. Protestantes que fugiram dos conflitos religiosos. A França acolhe seu filho pródigo.

    Certa tarde, na rua Vauquelin, os dois homens, que todavia tinham mais o que fazer, penduram seus aventais no cabide do vestíbulo, vestem um paletó. Roux acompanha seu colaborador até a subprefeitura do quinto *arrondissement* na praça do Panthéon. É logo ali. Os dois assinam o registro. O funcionário enxuga a tinta com o mata-borrão e entrega o atestado. Não têm tempo de festejar em um bistrô como se fossem parnasianos. Pegam os aventais, reacendem os bicos de Bunsen, retomam sua gororoba de bacilos. Yersin é um cientista francês.

o descartado

E se tivesse continuado suíço ou se tornado alemão? E se o velho que cochila pacificamente no avião, de barba branca e olhos azuis, tivesse escolhido Koch ao invés de Pasteur? Onde estaria hoje esse homem de setenta e sete anos, portador de um passaporte do Reich? Sabe-se que frequentemente os cientistas se deixam enganar. Sua ingenuidade é conhecida. Aqueles que não fariam mal a uma mosca são os mesmos que inventam, pelo puro prazer de decifrar um enigma, armas de destruição em massa. E se, no começo dessa guerra, ele fosse um velho médico aposentado em Berlim? Se tivesse casado com uma alemã de Marburg, onde estariam hoje seus filhos e netos — e com que uniforme?

Devemos estar agora abaixo do Rhône, sobrevoando os vinhedos e as uvas verdes sob o sol de maio de 40. Será que os convocados voltarão para a vindima? É perigosa a posição de Yersin, que sempre quis lavar as mãos em relação à política. Ignorar a História e seus cozidos nojentos. Um individualista, como são, tantas vezes, os altruístas. Só mais tarde, de tanto amar os homens, é possível tornar-se misantropo.

É mais forte que ele: precisa sempre saber de tudo. Abre seu caderno, interroga a tripulação da baleiazinha branca de metal. O hidroavião da Air France, o barco voador, que faz a rota até Marselha, chama-se LeO por causa de seus dois construtores, Lioré & Olivier, é um LeO H-242. Sua fuselagem é de duralumínio anodizado. Registra isso em seu caderno. É um material novo, o duralumínio anodizado. Pergunta-se o que poderia construir de novo na Ásia com duralumínio anodizado. Os onze passageiros à volta estão sentados em confortáveis poltronas de espaldar alto. Bebidas são servidas à vontade.

No meio desses fugitivos ricos, privilegiados e covardes que escolherão ao acaso, entre as muitas escalas, um lugar de vilegiatura para não fazer nada, para abrigar-se com suas economias, Yersin foge da promiscuidade com seus cadernos, finge estar concentrado. Seu nome e seu rosto são conhecidos. É o último sobrevivente da turma de Pasteur. Sabe-se que irá até Saigon, no fim da linha, aonde chegará em oito dias. De barco levava um mês. Mas cada viagem permitia-lhe carregar grandes caixas de material, frascos para as experiências, sementes para seu jardim. Com a guerra, as comunicações mais uma vez ficarão interrompidas. Foi a mesma confusão depois de 14.

Há cinquenta anos Yersin escolheu deixar a Europa. Foi na Ásia que passou a Primeira Guerra Mundial e é lá que pretende passar a Segunda. Sozinho. Como sempre viveu. Ou melhor, junto com sua turma de Nha Trang, uma vila de pescadores, a turma de Yersin. Pois, com o passar dos anos, o solitário revelou-se um líder. Criou ali uma espécie de comunidade, um monastério laico retirado do mundo, para onde volta agora. Como se tivesse feito voto de frugalidade e de celibato, e também de fraternidade, sua comunidade científica e agrícola de Nha Trang pode evocar uma Colônia Cecília anarquista ou um falanstério fourierista, do qual ele seria o patriarca de barba branca. Yersin daria de ombros se essa ideia fosse mencionada diante dele. Porque, um pouco por acaso, realmente sem querer, enquanto se ocupava de outras coisas, está hoje à frente de uma fortuna considerável.

Uma única vez, num esforço de adaptação, para seguir as regras e adequar-se à tradição da faculdade, recém-médico, recém-francês, recém-pesquisador, achou que deveria ser também recém-casado. Com Louis Pasteur também fora assim e isso não o impedira de trabalhar. Yersin gostava de jantar na rua d'Ulm, no pequeno apartamento do casal. Os dois gostavam um do outro, homens duros e probos, taciturnos, com olhos azuis de neve e de gelo. Ele também se tornaria um velho sábio cercado da terna afeição de uma velha esposa. Tomou medidas nesse sentido, usando o mesmo método racional que usou para atestar sua genealogia. Como sempre, escreveu para sua mãe. Uma carta para Fanny.

Ela, que acabara de encontrar seus ancestrais, acha também uma noiva para ele. Mina Schwarzenbach. Sobrinha de uma amiga. É bonita, a tal Mina. Imagina-se que seja virgem e coberta de renda branca até o pescoço, mas quem sabe se, toda noite, sob a saia preta, não atiça o próprio fogo com a ponta dos dedos. Yersin começa a lhe escrever. É mais difícil do que um artigo sobre difteria. Vários rascunhos vão parar no lixo. Querida Mina. Talvez fale bem demais do velho e calmo casal Pasteur. As discussões científicas na casa deles com Perrot, diretor da Escola Normal, e o relato de suas missões arqueológicas na Ásia Menor. É desajeitado. Mina Schwarzenbach espera ler versos alexandrinos ardorosos e dedicados a ela. À noite, seguraria a carta com a mão livre, para relê-los. Yersin comporta-se estupidamente. É descartado. Não se falará mais nisso. Percebe que uma esposa a seu lado logo o atrapalharia. Deixa isso para depois, para quando tiver feito a volta ao mundo e ao redor do problema.

Por ora, trataria de ver o mar.

na Normandia

Para Roux, a ideia soa totalmente excêntrica. Ver o mar. Ele apaga o bico de Bunsen, enxuga as mãos no avental, ergue os braços para o céu. Não acredita. Ver o mar. Por que não acabar seus dias numa vila de pescadores. Justamente, diz Yersin... Mas, fiquemos por aqui. Pronto, teve uma ideia. O útil ao agradável. Aproveitando-se de sua pequena notoriedade de especialista em tuberculose, o jovem doutor Yersin acaba de receber da Inspeção Acadêmica uma missão em Grandcamp, na região de Calvados. Tem a intenção de examinar os micróbios que estão na boca das crianças que vivem em um lugar saudável e ao ar livre. Vai compará-los com aqueles que se encontram na boca das crianças nas escolas de Paris. Descobrir se o céu sujo pela fumaça das fábricas não seria um fator agravante da doença. Acaba de comprar uma dessas novas bicicletas com correia dentada de Armand Peugeot.

Yersin fecha sua mala, embrulha seu microscópio, pega um trem para Dieppe, chega ao Havre de bicicleta, toma a balsa para Honfleur e pedala até Grandcamp. De manhã, passa nas escolas onde as crianças abrem a boca para ele, à noite caminha pelo cais e encontra os pescadores, que aceitam levá-lo a bordo. Mais tarde, no hotel, lê *Pêcheurs d'Islande*, de Pierre Loti. Os dois têm em comum a solidão desde a infância. As famílias modestas e honestas do interior, o protestantismo estrito, os pais ausentes. São meninos que cresceram entre mulheres. Nutrem uma misoginia latente e uma sexualidade indefinida, além do sonho de correr os mares e oceanos. A ideia, entretanto, ocorre mais rápido para quem vive em Rochefort-sur-Mer em uma família de marinheiros do que para quem vive em Morges, no cantão de Vaud.

Yersin tem vinte e seis anos e vê o mar pela primeira vez.

Não do alto de uma falésia, cabelos ao vento, como um poeta parnasiano, mas do convés da traineira *Raoul* varrida pelas ondas, de botas e impermeável, no meio de uma grande manobra de velas e do trabalho bem feito.

Entusiasmado, e para Fanny, sua única leitora, redige um pastiche de Loti ou dos relatos dos exploradores, navegadores, descobridores de tribos. Descreve um mundo de homens, fraterno, alguma coisa entre Loti e *Os trabalhadores do mar* de Hugo, mesmo que Yersin ainda não conheça a cordoalha, e não saiba que nunca se deve falar em corda a bordo, como em casa de enforcado: "De repente, o barco para, a corda da rede estica-se até quase romper. Rápido, baixadas as velas, encontramos um grande rochedo que perfura a rede em muitos metros quadrados, é preciso correr com bobinas e linha para reparar os furos. Só por volta das sete horas a rede é consertada, mas só se pesca o rodovalho durante o dia. À noite pescam-se os linguados, também muito procurados, mas é preciso aproximar-se da terra: os linguados habitam um fundo de areia, sem pedras". À noite, a bordo, grelham-se salmões. Depois todos, menos dois homens de plantão e o passageiro, "vão dormir em suas redes". Lendo tais cartas, Fanny, sentada na sala da Casa das Figueiras, fica um pouco desapontada. Tem algo estranho aí.

Como bom órfão, Yersin atendeu a todos os seus desejos como mãe. Tornou-se médico. Meu filho é doutor, dizem as mães. E ele mais ainda. Um cientista. Trabalha com Pasteur. Ela diz que é seu braço direito. Por ora está bom. Que volte para Morges, perto dela, e viva aureolado, abra um consultório à beira do lago e pendure sua placa. Está inquieta, Fanny. As mães são assim. Talvez Yersin também tenha uma artéria na cabeça que não funciona bem. Como o pai. Deu no que deu. O filho é insaciável. O que mais vai inventar? Quer partir para terras selvagens. Como se os franceses já não bastassem. Relê a carta que acaba de receber. "Não ficaria chateado de deixar Paris, pois o teatro me entedia, tenho horror desse mundo de sociedade, e ficar parado não é vida."

Depois da Normandia, a sensação apertou feito um nó de marinheiro. Yersin não passará o resto da vida diante de tubos de ensaio. O olho colado ao microscópio em vez de olhar o horizonte. Precisa de ar. De silêncio e de solidão. E, no entanto, Roux, que decididamente entende mais de bacilos que de homens, pensando em homenageá-lo, encarrega-o do curso de microbiologia assim que retorna.

Para Yersin, adepto da maiêutica, nada do que se possa ensinar merece ser aprendido, mesmo que toda ignorância seja condenável. Por toda a sua vida será um autodidata e terá apenas desprezo pelos esforçados. Basta saber observar. Quem não sabe, não saberá jamais. Entre os dois cresce a incompreensão, "o que causou uma discussão de mais de duas horas".

O órfão de Confolens faz sermão para o de Morges, chama o pasteuriano ao dever. Meu Deus, Yersin, milhares venderiam a irmã para estar no seu lugar e você... As palavras lhe faltam diante desse jovem tímido com um belo futuro pela frente, diante desse olhar duro e azul. A pesquisa científica é como o violino para ele. Um diletante genial que toca de ouvido. Ouvido ou olho absoluto, e sorte também, sem o que o talento não é nada, é Mozart escolhendo tornar-se açougueiro. Rimbaud comerciante de café de Moka ou de fuzis de Liège. E esse aí vem importunar com o relato de sua viagem de bicicleta e suas saídas de pesca de arrasto. Roux acha que talvez tenha feito a aposta errada. Que Yersin foi um cometa. E que aos vinte e seis anos, como às vezes acontece com os matemáticos e os poetas, sua luz talvez já tenha se apagado.

uma grande torre de ferro
no centro do mundo

No entanto, o curso é um sucesso. Yersin diz apenas as palavras indispensáveis. O restante deve-se saber observar. Diante de cada um, um assistente, com ares de prestidigitador ou de *maître*, depõe a bandeja de zinco, tira a campânula de vidro. Manipulam com luvas algum roedor morto de uma das infecções que constam do programa. As seringas atravessam a pelagem. Espalham-se gotas de sangue infectado sobre as lâminas de vidro que são levadas ao microscópio.

Roux dera os dois primeiros cursos de microbiologia e Yersin foi encarregado dos dois seguintes. O anúncio circulou durante meses nas revistas médicas e jornais do mundo inteiro. É a época do cabo submarino. Médicos sobem e descem as escadas dos navios, desembarcam nos portos transatlânticos de Bordeaux, Saint-Nazaire e Cherbourg. Nas estações, pegam o trem para Paris. Esses cursos de verão coincidem com a Exposição Universal e o centenário da Revolução Francesa, que foi o apogeu do Iluminismo.

Paris torna-se a capital mundial da medicina e, em seu centro, o novíssimo Instituto Pasteur com seus tijolos vermelhos é o farol do progresso. Tudo é novo, os assoalhos encerados e a porcelana brilhante das bancadas. A fachada em pedra, ao estilo Luís XIII. Começa a germinar a ideia de criar Institutos Pasteur fora da França e de lançar campanhas de vacinação preventivas e curativas. Diante de Yersin, na grande sala iluminada pelas grandes janelas quadriculadas, reúnem-se médicos de hospitais franceses mas também um belga, um sueco, um cubano, três russos, três mexicanos, um holandês, três italianos, um inglês, um romeno, um egípcio e um americano. Contando de novo: doze nacionalidades e nenhum alemão. Não é bom presságio.

Vê-se de vez em quando no pátio coberto de cascalho, com castanheiras recém-plantadas, o velho hemiplégico de sobrecasaca preta e gravata-borboleta, já uma lenda viva, que se senta num banco ao sol. Os médicos tentam ser fotografados a seu lado. Cuidarão de pendurar a foto em suas salas de espera, próxima do certificado de pasteuriano. Yersin se aborrece. "É muito chato e toma um tempo enorme. Na minha primeira aula, estavam o senhor Pasteur, o senhor Chamberland e muitas outras pessoas intimidantes. O senhor Pasteur, parece, ficou satisfeito."

Depois das aulas, o jovem vai caminhar sozinho à beira do Sena. A barba negra e os olhos azuis. Na primavera sai sua terceira publicação, sobre a difteria. O gênio de Yersin não declinou e sua luz não se apagou. Primeiro morador do Instituto, escolheu o quarto mais bonito, de esquina, bem iluminado, gosta de conforto quando é possível. Inaugurou as estufas e as autoclaves, recepcionou as entregas dos vidros. Neste verão foi erguida a estátua de Danton no Carrefour de l'Odéon, por conta do centenário da Revolução. No Campo de Marte, e ao longo do Quai d'Orsay, estão expostos os progressos das ciências, das técnicas e da civilização, ou seja, da França abrindo sobre o mundo as grandes asas brancas de seu gênio. Sobre a esplanada dos Invalides, os ministérios da Guerra e das Colônias financiaram a reconstituição de povoados senegaleses ou taitianos, tunisianos ou cambojanos, sem suas populações, para evocar essas regiões longínquas, os confins do Império. Tudo querendo ser universalista e revelando um grande nacionalismo. Para um suíço, é o paradoxo da universalidade francesa, que já aparece em sua Declaração: essa ideologia francesa parece sempre tão curiosa em relação aos estrangeiros que acaba mostrando, por isso mesmo, não ser tão universal.

Na Galeria das Máquinas, Yersin abre seu caderno e tudo aquilo o fascina tanto quanto a medicina: as minas e a metalurgia, as ferramentas mecânicas, as águas minerais engarrafadas, a engenharia civil e as obras públicas. É assim que concebe o estudo. Basta observar, e Yersin observa bastante. Mais tarde se ocupará das máquinas como agora se ocupa das pipas, tratará de desmontá-las, remontá-las, melhorá-las, é sempre melhor do que ler os manuais. Os tempos são de otimismo. Gustave Eiffel e Jules Verne. O primeiro romance de Jules Verne era uma denúncia do progresso, um romance de antecipação apocalíptica, *Paris no século XX*, a arte e a literatura destruídas e humilhadas pela ciência e pela técnica. Fracasso total. Seja mais positivo, aconselha-o Hetzel, o esperto: acabou o romantismo *noir*. Cante a ciência e as máquinas. Jules Ferry. A educação pública. A fábula do cartesianismo. É o 14 de julho do Centenário. Um século depois de tomar a Bastilha e de iluminar os céus de Paris incendiando os depósitos de pólvora, os franceses, mais calmos, tomam o elevador, sobem para contemplar Paris do alto da grande torre de ferro recém-inaugurada e aplaudir os pacíficos fogos de artifício.

Os médicos do mundo voltam para seus pampas ou suas taigas com uma pequena torre Eiffel de latão e a fotografia autografada por Pasteur, talvez também uma cinta-liga, lembrança emocionada do Moulin Rouge ou do Folies Bergère. Yersin fecha seu caderno: "Terminei meu curso ontem com um grande suspiro de satisfação. Os alunos ainda virão arrumar seu material, e depois o laboratório ficará tranquilo novamente". Pasteur consegue para ele as palmas acadêmicas. Indiferente às condecorações, guarda-as no bolso para dar a Fanny.

Não haverá no mundo Institutos Koch, nem grande torre de ferro nem Exposição Universal em Berlim. Bismarck está amarrado a seus insucessos na África. A pressão cresce ainda mais sob os capacetes pontudos, sem válvulas que a deixem escapar. A pergunta que se faz ali é se valeu a pena ganhar a guerra e capturar em Sedan o imperador desses importunos. Porque entre Paris e Berlim, em algum lugar entre Pasteur e Koch, há Sedan.

Quando volta a Morges, no fim do verão, Yersin é um herói local, nem tanto por seus trabalhos sobre tuberculose e difteria — assuntos que não devem ser falados à mesa, explica Fanny para as moças —, mas por ter assistido às duas inaugurações parisienses mais comentadas na Suíça romanda, a do Instituto Pasteur e a da Exposição Universal. Fanny convida os colunistas para ir à Casa das Figueiras à beira do lago. O chá é servido na sala florida. Na parede, a medalha de bronze e as palmas. Ela aproveita a ocasião para organizar um curso de etiqueta e um exercício de conversação para "as macacas". Yersin fala sobre as cidades do mundo todo, sobre as máquinas, sobre os quatro restaurantes suspensos sobre os quatro pilares de ferro trançado, e conta que, pagando cinco francos, subiu até o terceiro andar da grande torre. E a moda? Trouxe revistas? Yersin pousa sua xícara sobre a toalha bordada e diz em tom doce e enigmático:

—E tem mais, vi o mar.

Fanny dá de ombros.

O mar.

um médico a bordo

Pasteur e Roux têm que se render às evidências. Não vão prender Yersin à bancada. Melhor encontrar uma solução amigável e conservar o entusiasmado pesquisador próximo à casa, deixando que vá para longe. Sabendo que a juventude passa. Com Ulisses foi assim. Contrariado, Pasteur dita uma carta de recomendação: "Eu, abaixo assinado, diretor do Instituto Pasteur, membro do Instituto, Grã-Cruz da Legião de Honra, certifico que o doutor Yersin (Alexandre) desempenhou as funções de preparador no laboratório de Química Fisiológica na Escola de Altos Estudos, depois no Instituto Pasteur, desde o mês de julho de 1886 até o dia de hoje. Folgo em constatar que o senhor Yersin sempre cumpriu suas funções com o maior zelo e que publicou, durante o período em que trabalhou em meu laboratório, vários artigos que foram muito bem acolhidos por cientistas competentes". A carta foi endereçada à sede da companhia Messageries Maritimes em Bordeaux, acompanhada da candidatura de Yersin ao posto de médico de bordo.

A resposta da empresa é calorosa e espontânea, e, mesmo correndo o risco de ter que reorganizar seu corpo médico, propõe que ele escolha a região do mundo que mais lhe convém. Yersin escolhe a Ásia. A empresa pretende usar sua admissão como propaganda:

—Sabe, caro amigo, que durante essa travessia fui examinado por um jovem pasteuriano e conversamos muito sobre o bom e velho Pasteur...

Durante algumas semanas, Yersin frequenta novamente os hospitais de Paris, a fim de se preparar e não deixar nada ao acaso, adquire competências que havia negligenciado até então, doenças da pele, pequenas cirurgias, oftalmologia. Compra uma maleta de clínico geral e um baú de vime, onde guarda seus livros e o microscópio Carl Zeiss, um binóculo náutico e um aparelho fotográfico, as cubas, um ampliador, frascos de líquidos reveladores e fixadores. Toma o trem para Marselha, onde ao longo do cais permanece o antigo quebra-mar.

O curso de microbiologia é confiado a Haffkine, até então bibliotecário do Instituto, um judeu ucraniano, outro órfão adotado pela turma dos pasteurianos. Reencontraremos Haffkine em Bombaim, no centro de uma dessas polêmicas que o mundo científico adora. Yersin toma assento no trem para Marselha. Acaba de passar cinco anos em Paris. Voltará de tempos em tempos. Nunca mais morará nessa cidade.

em Marselha

O espaço aéreo não é seguro nesse último dia de maio de 40. À tarde mesmo, alguns Stukas, muito mais rápidos e voando mais alto que a baleiazinha branca, fizeram manobras em conjunto acima dela, as sirenes gritando, antes de dar meia-volta sobre o Mediterrâneo e retornar a suas bases. Aqui, quatro anos depois, já no fim da guerra, no céu azul de julho, morrerá Saint-Exupéry no comando de seu Lightning, outro *habitué* do Lutetia, o último sobrevivente da turma de Mermoz.

    A baleiazinha branca descreve um arco antes de pousar na lagoa de Berre. Seus flutuadores riscam a superfície da água e levantam um feixe de espuma cintilante. A cabine oscila e então se estabiliza. Desembarcam no pontão. As notícias não são boas. Em Paris, o aeroporto foi fechado. A Luftwaffe bombardeia estradas e pontes. A tripulação está inquieta. Fala-se dos *stalags*. Alguns tripulantes desertarão no fim da linha, os mais corajosos se tornarão pilotos de caça, se juntarão a esquadrilhas em Argel ou Brazzaville. Depois de reabastecer, decolam para Corfu, que é a próxima etapa na rota para a Ásia. A baleiazinha branca sobrevoa o porto de Marselha ao pôr do sol. Yersin vê sob as asas os navios no cais como grandes peixes. Cinquenta anos antes, exatamente nesse dia, passava por esse mesmo quebra-mar, lá embaixo. Chegava para embarcar a bordo do *Oxus*.

Não se podia imaginar ainda, nesse ano de 1890, a explosão, vinte e quatro anos depois, de um conflito que seria chamado de Grande Guerra, em seguida de Guerra Mundial e, de alguns dias para cá, de Primeira Guerra Mundial. Não se podia prever também o progresso da aviação. Maravilhosa invenção que permite reduzir as distâncias e bombardear populações. Antes da Primeira Guerra, Yersin pensou em comprar um avião. Foi especialmente ao aeródromo de Chartres para fazer seu primeiro voo e discutir preços, planejou construir uma pista de pouso em Nha Trang, e depois desistiu, distraiu-se com outras coisas. É assim, Yersin. Está sempre mudando de ideia. Não será marinheiro por muito tempo.

Enquanto Clément Ader decola a bordo do primeiro avião do mundo e inventa essa palavra, Yersin desce na estação Saint-Charles do trem vindo de Paris. Tem vinte e sete anos. Caminha pela Canebière até o Vieux-Port e vê o mar pela segunda vez. As águas são mais azuis do que em Dieppe, as ondas, mais brandas. Está no Porto de Marselha e isso é muito, é a porta do vasto mundo. Quinze anos antes, Conrad começou aqui sua carreira de marinheiro. Dez anos antes, Rimbaud embarcava para o Mar Vermelho e a Arábia. Brazza voltou para o Congo alguns meses antes. Um carregador a seu lado leva num carrinho o baú de vime onde estão guardados seus instrumentos e o microscópio, o binóculo e o equipamento fotográfico. Yersin sobe a bordo do *Oxus* que parte para o Extremo Oriente. Recebe os *Regulamentos de bordo*.

Nos barcos da companhia Messageries Maritimes, o atendimento médico diário é anunciado pelo toque do sino. O médico recebe ordens apenas do capitão e faz as refeições à sua mesa. Gerencia a farmácia de bordo, que recompõe a cada escala. Também cabe a ele verificar a limpeza das cozinhas e o frescor dos ingredientes. Um enfermeiro fica a seu serviço, abre para ele a cabine de cobre e madeira envernizada, na primeira classe, traz seu uniforme branco com cinco galões dourados cujas dobras ajeita diante do espelho. Yersin ama a ordem e o luxo, porque luxo é calma. O pior na execrável miséria é ser importunado o tempo todo. Não poder estar sozinho nunca.

No navio embarcam centenas de passageiros, nesta viagem vai no porão uma tropa de soldados que retorna à sua guarnição em Tonkin, protetorado da França há sete anos. Na segunda classe vão monges beneditinos e irmãs de caridade que Deus chama à China. O lote de costume, com passagem só de ida, aventureiros, escroques, investidores arruinados, gigolôs e rapazes de boa família, que partem para ver se a vida será mais suportável nas colônias. De volta ao cais, Yersin põe uma das mãos sobre os olhos à guisa de viseira e se dá conta da dimensão do mastodonte na contraluz. Bem diferente de uma traineira normanda. A alta muralha de ferro mantida no cais pelas cordas, cento e vinte e cinco metros de comprimento. Os foguistas acendem as caldeiras e fazem com que a pressão aumente. Os oficiais que desceram à terra para uma última noite agora instalam-se nos cafés ensolarados. Na saída do porto, distante dos outros, um jovem brilhante de uniforme branco com cinco galões dourados respira a plenos pulmões o ar do mar aberto e da aventura, um lorde que as raparigas do porto certamente convidarão a descobrir outros horizontes. Yersin se pergunta se Mina Schwarzenbach já não imaginava tudo isso.

no mar

Lenços brancos agitados por esposas quiçá deixadas para trás com uma penca de filhos. A banda de metais e os hinos de um coral para o adeus aos missionários. O grande navio com bandeiras multicoloridas da proa à popa distancia-se do cais, manobra no canal. E pela primeira vez, Yersin descobre a acepção marítima dos dois verbos.[2]

Alcançam o alto-mar no fim da tarde. Notre-Dame-de-la-Garde desaparece atrás da espuma deixada pelo navio. A luz da noite deixa rosado o casco e amarelada a plumagem das gaivotas que ficam para trás. O vento sopra mais forte, o mar se arrepia. Os passageiros vão para o salão. Mahjong na primeira classe e belote na entreponte. Serão trinta dias de navegação de Marselha a Saigon.

---

2. Em francês, *"déborde du quai"* e *"évite dans la rade"*. Os verbos *déborder* e *éviter* têm acepções diferentes quando usados para navios. *Déborder* é "transbordar", mas aqui significa "distanciar-se", e *éviter* é "evitar", mas aqui significa "manobrar", "mudar de bordo". (N. T.)

A primeira escala é Messina, depois Creta. Até ali é quase cabotagem, mas então começa a travessia ao sul do Mediterrâneo, rumo a Alexandria onde, sete anos antes, morreu o jovem pasteuriano Thuillier, estudando a epidemia de cólera. Yersin arruma em sua cabine a pequena biblioteca, os livros médicos e o dicionário de inglês, abre seus cadernos, escreve suas cartas para Fanny. Uma manhã, da passarela, acompanha a aproximação das areias douradas e das finas palmeiras, logo distingue um primeiro minarete e em seguida um primeiro camelo: como Flaubert no Egito, ele "empanturra-se de cores como um asno se enche de aveia".

O *Oxus* entra no jogo das eclusas. Quando Yersin adentra o canal de Suez, na primavera de 1890, o explorador inglês Henry Stanley, o herói do Congresso de Berlim, cinco anos antes, o homem que encontrou Livingstone e atravessou a África de costa a costa, está fechado há três meses numa vila no Cairo. Escreve o relato de sua expedição a Equatória em busca de Emin Pacha, seu retorno por Zanzibar, intitula o texto *In Darkest Africa*.

Milhares de quilômetros ao sul, Brazza e Conrad, cada um a bordo de um vapor, sobem o rio Congo. E o capitão inglês, que era polonês antes de ser marselhês, ambientará *Coração das trevas* ao norte do rio, nas cataratas Stanley. Da cidade do Cairo, três anos antes, Arthur Rimbaud, o renegado da turma dos parnasianos, fechado com seu empregado Djami Wadaï em um quarto do Hotel da Europa, ainda escrevia para a irmã que o Egito seria apenas uma escala. "Talvez eu vá para Zanzibar, de onde se podem fazer longas viagens pela África, e talvez para China, Japão, quem sabe?"

Ao deixar as margens monótonas do canal, o navio empurra seu bulbo de proa pelas águas calmas e transparentes do Mar Vermelho. É a descoberta do calor terrível, o metal superaquecido pelo sol branco, as montanhas púrpuras do Iêmen e as poucas balizas no fim do dia, perto de Aden. À noite, os passageiros saem para o convés em busca de algum frescor no ar imóvel sob as estrelas brilhantes. O caderno de Yersin está recheado de frases que também aparecerão em *Ultramarine*, de Lowry: "Destacam-se à margem grandes volumes escuros, levemente iluminados por inúmeras tochas com labaredas vermelhas, e das pequenas balsas rebocadas por um barquinho a vapor sobe um canto ritmado, feito de poucas notas. São os carvoeiros que vêm encher os porões do *Oxus*". Termina sua carta para Fanny: "Como já me sinto longe da Europa!".

Os soldados vestiram o *short* e o chapéu de pano do uniforme colonial. Pela manhã, fazem ginástica e entram em ordem unida no porto. Em três dias, partem para a mais longa etapa. Levanta-se a âncora para a lenta descida pelo oceano Índico, direção sudeste, rumo a Colombo. Os porões estão cheios de água potável e de carvão, cheios de tudo aquilo que ainda não se produz em Saigon, ferramentas, armas, roupas de noite, hectolitros de vinho ruim e de *pastis* e máquinas de gelo. Carregado com toda essa tralha, sob a fumaça negra de suas chaminés, o navio pesa cerca de três mil e oitocentas toneladas sobre as águas verdes. Cai uma chuva forte e rápida e logo o sol faz reluzir a madeira molhada.

Ultrapassam o trópico e de quando em quando aparece uma ilha virgem no meio do nada com seu topete de coqueiros, evocando Baudelaire no tempo em que o alexandrino ainda brilhava. Uma ilha preguiçosa onde a natureza dá árvores raras e frutas saborosas. Yersin familiarizou-se com as partes do navio e com sua função, com as centenas de metros de convés e com o bom quilômetro de escadas e passadiços, com o ritmo do sino de cobre que chama para as consultas no início da tarde. Um elegante Barnabooth de uniforme branco que assiste pela manhã ao relato dos imediatos na cabine do capitão.

À noite, retoma suas leituras médicas, estuda inglês. Os poucos britânicos que encontra no salão da primeira classe descerão na escala da Índia ou em Cingapura, voltarão para suas plantações na Malásia ou no Sião. Aprende esse costume dos ingleses de construir adjetivos com iniciais, acrônimos. Nesse ano, nas linhas marítimas, inventam a palavra *posh*, que significa mais ou menos *dândi* ou *na moda*, a partir de *port out, starboard home*, bombordo na ida, estibordo na volta, porque é mais que chique escolher o lado de sua cabine em função da direção do navio, de modo a sempre desfrutar, a partir da escotilha, na ida ou na volta, da paisagem mutante da costa, enquanto os outros, os que não são *posh* e não sabem disso, veem apenas água.

Enquanto Yersin passeava entre o salão e a cabine, adentraram os mares do sul. Viram a selva no Ceilão, a chuva quente sobre as grandes folhas cor de esmeralda. Certa noite, a caminho para Cingapura, diante de uma garrafa de absinto, os velhos colonizadores reunidos no salão contaram-lhe a história de Mayrena, que se tornou o rei Marie I. Um antigo *spahi* do corpo expedicionário que passou a ser aventureiro, embrenhou-se nas florestas, constituiu para si mesmo um reino não se sabe bem onde, em algum lugar de Annam, proclamou-se rei dos sedang antes de ser expulso pelos franceses. Dizem que hoje está retirado por aqui, na ilha de Tioman, rodeado por sua corte decadente de guarda-costas convertidos em barões, seu cabaré de dançarinas decrépitas metidas em babados rosa vindos de Bruxelas no tempo de seu esplendor. Depois de Cingapura a rota segue para nordeste, passa pelo golfo do Sião, perto de Bangkok, contorna o delta do Mekong para alcançar, mais ao norte, o cabo de Saint-Jacques.

O grande casco do navio adentra o rio de Saigon na maré alta e avança sob o céu pesado e baixo, a dois ou três nós, o passo de um homem, para não revirar os pequenos barcos nem destruir as barracas sobre palafitas e as peixarias construídas nas margens em meio à vegetação do mangue. Uma canhoneira o precede. Os imigrantes curiosos e inquietos, debruçados no parapeito com suas roupas pegajosas, veem os cormorões em voo rasante mergulhar nas águas marrons cheias de barcos. Indagam com seus botões se enfim vão encontrar fortuna aqui ou se deixarão sua vida apodrecer no fundo dos arrozais inundados. Talvez algum entre eles, mais letrado e leitor de Voltaire, partindo para as colônias como quem se engaja na Legião Estrangeira por mal de amor ou fracasso num concurso, talvez algum entre eles se pergunte por que *Oxus*, por que deram ao navio o nome do rio da Transoxiana que Gengis Khan tornou rubro com o sangue dos persas e encheu de cabeças cortadas.

"Pouco a pouco veem-se as palmeiras, depois veem-se pequenos bosques de coqueiros onde macacos brincam. Enfim veem-se vastas pastagens, e depois chegamos diante de casas europeias. O *Oxus* dispara um tiro de canhão, lança âncora: chegamos." Ao longe, os armazéns, os estoques de carvão e de algodão sob os oleados, os barris alinhados. O cais é invadido por riquixás e charretes atreladas a pequenos cavalos anamitas. Em duas filas, os soldados dirigem-se para um alojamento provisório antes de seguir para Tonkin, ao norte, na fronteira com a China. Do outro lado, padres e freiras dirigem-se à rua Catinat, que sobe diretamente do rio em direção ao platô e à praça Francis-Garnier, onde erguem-se os dois novos campanários de Notre-Dame e o novo correio de Gustave Eiffel.

À distância, sentados sobre fardos, com cartas de baralho e facas nos bolsos, os gigolôs observam os indecisos que saem por último, aqueles a quem ninguém acolhe, os recém-chegados de Marselha, carne fresca a ser depenada nos bordéis e casas de ópio do bairro chinês. Em companhia dos oficiais de bordo, Yersin visita o Arsenal, senta-se nos terraços do Rex ou do Majestic. À noite, comerciantes de terno branco bebericam vermute e cassis. A cidade de Saigon ainda não tem trinta anos. É branca e suas ruas são largas e traçadas segundo o modelo haussmaniano, sombreadas por alfarrobeiras. Na agência da companhia Messageries, devolvem ao jovem médico seus documentos estampados com os carimbos da alfândega marítima e do serviço sanitário: o doutor Yersin deve embarcar em quatro dias a bordo do *Volga*.

Foi designado para a linha Saigon-Manila.

vidas paralelas

O *Volga* é uma velha geringonça mista movida a vela e a vapor, um veleiro de três mastros, com uma única caldeira central, uma modesta cabine para sessenta e sete passageiros e algumas toneladas de carga.

A cada mês, saindo de Saigon, comerciantes que usam a linha habitualmente acompanham produtos da Europa endereçados a filipinos ricos, roupas de Paris e porcelanas de Limoges, garrafas de cristal e vinhos finos. Em troca, na volta, trazem no fundo do navio o produto do suor dos filipinos pobres, açúcar, charutos de Manila e cacau. De um porto a outro, são três dias e três noites pelo mar amarelo e conradiano de ondulação constante e suave, que a proa empurra para a frente desenhando uma boca amuada. O pacífico vapor navega com a regularidade de uma balsa. No passadiço, o capitão François Nègre, um velho condutor de embarcações na Ásia. A partir de então, a vida de Yersin, durante um ano, ganha a regularidade de um pêndulo.

Um terço do tempo está a bordo, no outro terço relaxa em Saigon, a nova, e no último, na velha Manila. Uma dessas cidades espanholas carregadas de séculos e do catolicismo flamejante de ouro puro e imagens de santos sanguinolentos, ex-votos, virgens policromadas cobertas de flores e de frutas e de doces como oferendas. Tudo isso é tão estranho aos olhos de um puritano de Vaud quanto os fetiches vodus. Sobre o mar, uma cidade fortificada como as de Porto Rico ou de Havana e ruas calçadas e íngremes, uma catedral branca com dois campanários no frontão, já carcomidos pela sujeira escura e pelo musgo, enquanto os franceses acabavam de construir, com tijolos vermelhos e novos, vindos de Toulouse, a igreja de Notre-Dame de Saigon.

Rapidamente conhece as duas cidades e distancia-se delas cada vez mais a cada escala. É um homem organizado, Yersin, como se sabe. Nas Filipinas, a cada mês, volta a estudar astronomia com os padres jesuítas do Observatório, aprende a usar o barômetro para medir altitudes, escala o vulcão Taal e dedica-se a seus trabalhos manuais como se fizesse pipas. Desenha a nanquim a cratera do vulcão. "No fundo duas lagunas verde-amareladas das quais se desprendem espessos vapores esbranquiçados. Por todo lado, pequenas colunas de fumaça que saem pelas fendas." Compra uma dessas barcaças que ali são chamadas de *bancas*, recruta um piloto, sobe os rios, assiste às brigas de galos nos povoados tagalog.

E a cada mês Lord Jim ou Yersin enfurna-se mais adiante em "um arroio estreito e tortuoso que corre no meio de uma espessa floresta tropical". É para Fanny, sua única leitora, que escreve seus primeiros relatos de explorador. "Avançamos sob um domo de vegetação, junte-se a isso a luz da lua, o silêncio da noite, as pequenas pirogas dos pescadores escondidas em recantos obscuros do rio, dando um encanto estranho a essa cena. Embarcamos o comandante, seus dois bebês e um sargento espanhol. À uma da manhã, chegamos em Jala-Jala." Voltam ao amanhecer. No dia seguinte a barcaça é içada pelo mastro de carga a bordo do *Volga* e amarrada sobre o convés. Soltam-se as amarras e aciona-se o vapor. Yersin veste de novo o uniforme branco com cinco galões dourados e toca o sino, à noite no convés retoma o relato de suas jornadas para o capitão Nègre e os comerciantes sentados na frente da garrafa de absinto. Novamente o lento oscilar do vapor sobre o mar oleoso. Às vezes troca-se o vapor pelas velas para economizar carvão ou honrar a lembrança dos antigos. Apenas a frágil barcaça permanece nessa vida dupla. Três dias depois, ela desembarca de volta em Saigon e desce à água no porto.

Na Cochinchina, a *banca* filipina passa a ser *sampan* vietnamita. Também ali, Yersin dedica seu tempo a navegar pelos rios. Seus dois guias, Choun e Tiou, carregam coberturas e lanternas, mosquiteiros e o filtro de água Chamberland, arroz e patos com os pés amarrados. "As montanhas em princípio distantes aproximam-se, o rio fica cada vez mais encaixado entre elas. O sol é terrivelmente quente no fundo dessa ravina." À noite, acampam nas margens, acendem o fogo, matam e depenam as aves. A pequena tropa logo alcança Biên Hòa e segue ainda mais adiante. Yersin encontra ali um agricultor dinamarquês isolado, Jørgensen, e acostuma-se com sua hospitalidade de velho urso. Na partida, o sujeito lhe confiará uma lista de compras que esperará por um mês. Do terraço da casa de teca sobre palafitas, vê-se a ondulação verde da plantação de pimentas, e "a seus pés a água rugindo entre os rochedos". No horizonte, pela manhã, as montanhas azuis. O rio onde os elefantes vêm beber, o grito dos macacos e o barulho dos pássaros. Aqui sim é bom viver, retirado do mundo. Com Jørgensen, faz dois dias de caminhada para chegar aos primeiros povoados moï.

Em suas cartas, que Fanny, inquieta, começa a esconder dos olhos das moças da Casa das Figueiras, Yersin registra as primeiras anotações etnológicas, diz que os moï "são altos, vestidos apenas com um cinto. Seus rostos diferem bastante daqueles dos anamitas. Normalmente têm barba e bigode, a aparência mais orgulhosa e mais selvagem. As aldeias têm uma só casa, enorme, erguida sobre palafitas. Cada família ocupa um compartimento parcialmente fechado. É uma verdadeira vida comunitária. O dinheiro não tem valor entre os moï. Preferem contas de vidro ou um anel de cobre".

Yersin experimenta a fascinação dos solitários irredutíveis pela vida em comunidade, a igualdade do comunismo primitivo e a ausência de dinheiro. É por isso que será preciso seguir mais adiante, deixar as águas, adentrar as florestas, escalar a cordilheira anamítica, atravessá-la. Ir mais longe, rumo aos sedang ou os jaraï, onde ninguém, nem mesmo Jørgensen, jamais chegou. Talvez apenas Mayrena, que foi Marie I, mas esse procurava ouro ou glória. Com frequência, Yersin só voltava a Saigon na véspera da partida do *Volga*, para içar seu *sampan*, que três dias depois voltaria a ser sua *banca*. Reencontra o capitão Nègre e os comerciantes. Quanto à tripulação, "é um pouco cosmopolita, há chineses, malaios, cochinchinos". Não conseguia entender como passavam a vida toda na linha, mas ainda não enxergava como fazer diferente. Alcança rápido os limites geográficos de suas peregrinações. Isso tudo pode acabar sendo tão chato quanto um curso de microbiologia.

Yersin ainda não é explorador, nunca partiu sem prever uma volta, nunca enfrentou perigos, nem pôs sua vida em grande risco. Logo, no combate com Thuk, uma lança atravessará seu corpo. Seus conhecimentos médicos salvarão sua vida.

Na primavera desse ano que Yersin passa fazendo a travessia do mar amarelo entre Manila e Saigon, Rimbaud faz sua última viagem de volta, rumo ao porto de Marselha. O serrote do cirurgião sobre a perna depois de semanas de caminhada na maca sobre as pedras, sem cuidados ou produtos pasteurianos. A bordo do navio, o médico da companhia Messageries Maritimes, de uniforme branco em sua cabeceira, não pode fazer nada. As últimas frases no delírio, a grande escansão das presas de elefante como tambores da mata. Antes da amputação, escreveu a sua irmã Isabelle: "Por que não aprendemos na escola um mínimo de medicina para não fazer tamanhas besteiras?".

Albert e Alexandre

A chegada de Calmette a Saigon surpreende Yersin. Os dois encontram-se pela primeira vez. É Roux, de Paris, aconselhado por Pasteur, quem organiza o encontro.

Os dois nasceram no mesmo ano, mas suas trajetórias foram inversas. Depois de estudar medicina na Escola de Saúde Naval de Brest, Albert Calmette juntou-se à campanha do almirante Courbet na China, da qual também participou Pierre Loti. Médico da Marinha, serviu em Hong Kong, depois seis meses no Gabão, onde encontrou Brazza, dois anos na Terra Nova e enfim em Saint-Pierre-et-Miquelon. Acaba de terminar o curso de microbiologia no Instituto Pasteur, que o envia à Cochinchina. É o mais novo na turma dos pasteurianos.

Yersin aceita o convite por educação e curiosidade. Tudo isso é sua vida passada. Como uma transferência entre a navegação e a pesquisa. Quando Calmette entrava aos vinte anos no serviço de saúde da Marinha, Yersin estava em Marburg e nunca havia visto o mar. Agora é ele o marinheiro. Há um ano navega sem parar no *Volga*. Os dois sentam-se num salão do Majestic, o palácio branco na rua Catinat. Hoje Dong Khoi.

Poltronas império com douraduras e funcionários uniformizados. Vista para o rio e os barcos como ainda hoje, em 2012, cento e vinte anos depois. Escolhamos uma poltrona para o invisível fantasma do futuro. O escriba com a caderneta que seguia os passos de Yersin no Zur Sonne de Marburg. Ele estica o ouvido, espia e registra a conversa dos dois homens de vinte e oito anos, de barba preta bem aparada. Com precauções de conspiradores tímidos, os dois evocam seus gostos comuns pela geografia, Loti e a pesca do bacalhau. Trazem para Saigon o frio e o gelo de Miquelon. É o militar feito civil e o civil vestido com o uniforme branco de cinco galões dourados.

A grande sombra do Comandante paira sobre os dois jovens médicos, a alta silhueta moral, de sobrecasaca preta e gravata-borboleta, o cenho franzido, impõe-se sobre todas as conversas de todos os pasteurianos. Cada um deles lembra-se do dia de seu encontro com o Velho e conta uma anedota. Todos conhecem a obra e a vida daquele que nunca foi médico e acaba de revolucionar a história da medicina. O químico e cristalógrafo. Recitam as etapas de seu sucesso desde a doença do bicho-da-seda, a fermentação da cerveja, a pasteurização do vinho e do leite, a descoberta dos bacilos da erisipela do porco e do carbúnculo do carneiro até a vacinação antirrábica. O inventor de uma realidade tão insuspeitada para todas as línguas do mundo que teve que pedir ajuda a Littré, importuná-lo durante seu grande trabalho no dicionário. Littré fechou questão e achou que "micróbio e microbiologia são ótimas palavras. Para designar os animálculos, daria preferência a *micróbios*, primeiro porque, como você diz, é mais curto, e depois porque reserva *microbiologia*, substantivo feminino, para a designação do estudo do micróbio".

Vendo-os assim, inclinados um para o outro, seria possível achar que são dois militantes clandestinos de algum grupelho revolucionário, murmurando em linguagem de código seus sonhos de dias melhores. Devia ser a fraternidade. O mais impressionado provavelmente é Calmette. Tem diante de si Yersin, cuja descoberta da toxina diftérica eleva-o ao primeiro time dos cientistas. Roux preveniu-o em Paris. Yersin é original, um solitário que partiu para ser marinheiro ou aventureiro. Calmette confia-lhe que o enviaram ali para criar um Instituto Pasteur e propõe trabalharem juntos. Yersin não pressentira o golpe e reage. É a turma de Pasteur que o pega de novo. Calmette ainda não tem base em Saigon. Pretende abrir seu laboratório de pesquisa em um canto do hospital.

Para isso, integrou-se ao Corpo de Saúde Colonial, que está sob autoridade militar. É também uma pequena ameaça urdida em Paris por Roux e Pasteur. Yersin hesita, porque teme ter de regularizar sua situação junto às autoridades francesas, mais cedo ou mais tarde. Pediu sua naturalização e depois disso não cumpriu seu tempo de serviço militar. Mas tudo isso para ele acabou. É sua vida passada. Yersin levanta-se e os dois apertam-se as mãos. Talvez não se vejam nunca mais. Sentem, no entanto, que o encontro poderia ter se transformado rapidamente em amizade. "Ele fez todos os esforços para me convencer a entrar em seu Corpo, mas os argumentos de ontem ainda valem hoje, por isso não me decidi."

Yersin deixa o salão do Majestic e caminha na direção do escritório da companhia Messageries, as mãos nos bolsos. É bem perto, seguindo ao longo do rio. Ultrapassa a torre do farol, o Thu Ngu, esticado pelos cabos, atravessa uma pequena ponte sobre o arroio. Yersin embarca a bordo do *Volga* e retoma seu serviço, toca o sino. Calmette volta a seu quarto. Os dois não imaginam ainda que suas vidas estarão ligadas e que manterão uma correspondência durante mais de quarenta anos. O capitão Nègre mandou içar a *banca* sobre a ponte. Yersin retoma sua vida aventureira e suas esperanças guerreiras.

À noite, no mar, talvez ainda hesite um pouco. Lembra-se dos projetos apresentados por Calmette. Estudar a fermentação alcoólica do arroz, a ação analgésica do ópio e os venenos para curar as picadas mortais das serpentes. Calmette terá o sucesso que conhecemos. Mais para a frente, na vacina BCG, o C corresponde a sua inicial. Conhece-se hoje o hospital Calmette de Phnom Penh, perto do Vat Phnom e do Instituto Pasteur. Ele terá trabalhado para espalhá-los pelo planeta como por cissiparidade ou metástase. Antes de abrir o de Lille, terá criado os dois primeiros Institutos fora da França. Ou fora da metrópole. Pois, naquele momento, Saigon, Lille ou Argel ainda são a França.

no voo

Ainda é assim em 40. Mesmo que a derrota em oito dias para o exército nazista pareça de mau agouro para a sobrevivência do Império. A França foi invadida pela terceira vez em menos de um século. O velho de setenta e sete anos, barba branca e olhos azuis, cochila no avião que sobrevoa o Mediterrâneo. Dois dias depois de deixar Marselha, o LeO H-242 decola do aeródromo de Atenas. A baleiazinha branca vibra no céu azul, deixa Chipre sob sua asa esquerda, no ritmo do barulho dos quatro motores do novo modelo Gnôme & Rhône, reunidos no alto de uma chaminé aerodinâmica atrás do cockpit.

Yersin registra a informação. Gnôme & Rhône.

Acaba de assistir em Paris ao que será o último congresso dos Institutos Pasteur por muito tempo. Despediu-se dos pesquisadores no pátio coberto de cascalho onde fica o túmulo de Roux. Calmette e Roux morreram há sete anos. Homenageou os mortos, cumprimentou o velho zelador, Joseph Meister, o primeiro homem salvo da raiva, agora com sessenta e quatro anos.

Provavelmente Yersin pergunta-se por que ainda vive. Quantas guerras ainda terá de enfrentar. Lembra-se dos dois irmãos Calmette, o mais velho, o jornalista Gaston, a quem Proust dedicara o primeiro volume de *Em busca do tempo perdido*, e o jovem Albert, que viu pela primeira vez no Majestic de Saigon. Dez anos depois, Roux escrevia-lhe: "Calmette deve cuidar para que encontremos Sarraut na casa de seu irmão". Imaginava-se então que Sarraut seria o próximo governador-geral da Indochina. Nessa mesma carta, Roux acrescentava: "Nada de novo no Instituto. Aqui estamos preocupados com as negociações franco-alemãs sobre o Marrocos".

O mais velho, Gaston Calmette, foi morto a tiros em seu escritório de diretor do *Figaro* pela mulher de um outro ministro, Caillaux. Foi na primavera de 14, pouco antes do assassinato de Jaurès e da guerra. Mais uma vez, Yersin tenta fugir de toda essa sujeira da política e ficar sozinho. Mesmo se, por toda a vida, não consiga nunca se distanciar totalmente do Instituto e da turma de pasteurianos. Observa um traço branco e ocre no horizonte azul do céu. A silhueta das montanhas do Líbano.

Na época de Mouhot, o descobridor dos templos de Angkor, no ano 60 do outro século — ano em que Pasteur trava seu grande combate contra a geração espontânea e chega, saindo de Chamonix, ao Mar de Gelo, para ali colher suas amostras de ar puro —, ainda era preciso, para chegar à Ásia, tomar o longo desvio pelo cabo da Boa Esperança. Três meses no mar, a bordo de um veleiro. Trinta anos depois, a primeira viagem de Yersin a bordo do *Oxus* foi feita a vapor, pelo canal de Suez, e não levou mais que trinta dias. Nessa primavera de 40, de avião, são oito dias. No espaço de uma vida humana, a abóbora passou a melão e depois tangerina.

Há seis anos frequenta a linha da Air France, sabe de cor o poema aéreo que recita mais uma vez: depois de Atenas, Beirute, Damasco, Bagdá, Bouchir, Djask, Karachi, Jodhpur, Allahabad, Calcutá, Rangoon, Bangkok, Angkor e Saigon. Uma boa dezena de decolagens e aterrissagens partindo de Paris. Etapas que são saltos de pulga. No seu máximo, a baleiazinha branca de duralumínio anodizado avança a duzentos quilômetros por hora. É mais lenta que um trem hoje. Mas é, entretanto, a incrível velocidade que sob a cabine, em baixa altitude, faz rodar o globo.

Yersin precisa sempre saber de tudo. Sua memória dos lugares, dos nomes, assim como dos números, é insaciável. Registra os horários, o nome do piloto (Couret) e do engenheiro mecânico (Pouliquen), o estado do céu e os meteoros, relê velhos cadernos ou por tédio retoma a mecânica das notas. Mania de explorador e pesquisador, já preencheu durante sua vida centenas de cadernos. Vamos nos sentar a seu lado, fantasma-escritor do futuro, leiamos por sobre seus ombros, recopiemos na caderneta. Esta página, por exemplo, que parece ser o trajeto de um drone espião para uma invasão do Irã:

> Djask — partida a 0h55. Voo a 1000 m.
> 1H50 — Ponta dos Piratas?, entrada do Golfo Pérsico.
> 2H — Pequenas aldeias sobre rochedos à beira-mar. Água do mar verde-esmeralda, perto da costa. Palmeiras. Barcos. Rochedos acinzentados.
> 3H — Ilha quase deserta com aldeias e palmeiras. Barcos no mar.
> 3H40 — Planície a leste menos desértica. Aldeias nbx (Chira), mais ou menos a meia distância entre Djask e Bouchir.
> 5H — Sobrevoo a 1000 m planícies ou montanhas próximas. Muitas aldeias. Rio quase seco do NO ao SE. Caminho de comunicação.
> 5h30 — Grande vale orientado para Sudeste com grande rio. Xadrez de plantações.
> 6H30 — Chegada a Bouchir, T = 27°.

Nesses primeiros dias de junho de 40, a cada escala buscam-se notícias e há inquietação com relação à situação militar. Ficam sabendo que os aliados reembarcaram em Dunquerque suas tropas destruídas. Os portos franceses foram bombardeados. Em Saint-Nazaire, milhares de refugiados morreram no incêndio do barco *Lancastria*, da Cunard. A Inglaterra está sozinha contra a Alemanha. A Itália entra na guerra. A cada dia Yersin distancia-se mais da fogueira da Europa. Em Calcutá, o dia sangra sobre o Ganges. Vê a trama de púrpura e ouro do delta ao pôr do sol. Está ansioso para chegar a Nha Trang. Poderia muito bem morrer durante o voo, ser enterrado aleatoriamente em uma das escalas. Em vez de uma basílica, ergueriam ali um Instituto. Conta os dias e as decolagens como um estudante esperando o verão. Há cerca de cinquenta anos sempre volta a Nha Trang e é lá que quer morrer. Pronuncia-se Nia Trang, observa em suas cartas. Explica a seus correspondentes que Alexandre de Rhodes, autor do *Dicionário português-anamita-latim*, era um jesuíta de Avignon, e usava a língua occitana e o *h* com som de *i*. Nia Trang. Yersin precisa sempre saber de tudo.

À amizade com outro comandante da companhia Messageries Maritimes, o capitão Flotte, de Saint-Nazaire, Yersin deve o fato de ter descoberto Nha Trang.

De ter desembarcado no paraíso.

em Haiphong

Na Marinha, não se escolhe o posto. Para a companhia, o serviço para as Filipinas não era mais rentável. Depois de um ano a bordo do *Volga* na linha de Manila, Yersin foi transferido como médico para a nova linha de Haiphong, a bordo do *Saigon*, duas vezes menor que o *Volga*.

É um modesto cargueiro misto para trinta e seis passageiros que faz suas lentas viagens pela costa do Mar da China. Nunca mais de uma noite ou um dia no mar. Uma sinecura. Como a bordo de um imenso navio em alto-mar, a lei marítima exige a presença na barcaça de um médico de uniforme com cinco galões dourados. De vez em quando um panarício ou uma enxaqueca. Só o capitão Flotte, pálido atrás da fumaça de seu cachimbo, poderia preocupar Yersin. O capitão dá de ombros. Desde que navega nessas paragens, é infatigável. Yersin está desocupado. "Passamos pela costa a duas, três milhas em média, de modo que se pode ver uma paisagem que varia continuamente. Me diverti desenhando o perfil das montanhas diante das quais passávamos a fim de poder reconhecer os lugares na próxima viagem. O comandante me disse para fazer esse trabalho no passadiço e me pediu para lhe dar sempre uma cópia, pois as cartas náuticas dessas costas são muito malfeitas."

Desde que, há dez anos, sob as ordens de Jules Ferry, a frota do almirante Courbet, tendo Loti entre seus oficiais, tomou Annam e Tonkin, só a faixa costeira é conhecida pelos franceses. Para ligar por terra essas duas províncias à Cochinchina, será necessário um dia cartografá-las. Essa linha comercial que acaba de ser aberta é ainda o único meio de unir as duas capitais coloniais, Saigon e Hanói. Todas as manhãs, o médico pendura seus binóculos no pescoço, pega papel e lápis de desenhar. Os passageiros também desocupados pegaram a mania dos ingleses, e os mais ricos tornaram-se *posh*, reservam uma cabine do lado esquerdo do navio, bombordo, saindo de Saigon, e estibordo saindo de Haiphong. Apenas o capitão Flotte e Yersin desfrutam da vista panorâmica do passadiço.

Tanto na ida como na volta, o navio lança âncora no fundo de uma baía calma e ensolarada. Os turcos são ativados, os botes descem para a água, encaixam-se os remos nas forquetas, e algumas caixas são levadas para uma aldeia de pescadores. "O primeiro ponto de parada depois de Saigon é Nha Trang, são vinte e oito horas para chegar lá." Yersin desenha os coqueiros verdes balançando e a areia que cintila. "Somos o único navio que para na magnífica baía."

De Nha Trang, ruma-se para o norte e o céu vai se tornando mais cinza até a foz do rio Vermelho e o porto de Haiphong. Ali, as balsas pegam os passageiros e levam até Hanói. Yersin compra uma embarcação e retoma, como em Manila e Saigon, suas navegações de ida e volta em água doce pelos braços do delta. Uma semana depois, volta rumo ao sol e ao sul. Yersin toca o sino para as consultas. "Os passageiros são às vezes um pouco maçantes, mas é uma das misérias da existência." Às vezes, a bordo, há mulheres de colonos, gordas e brancas, encharcadas de suor como jumentos, que desmaiam de calor. Mas é o capitão Flotte que não anda muito bem, e de tempos em tempos tem que se segurar no parapeito. Não é do tipo de fazer alarde, o capitão, prefere dar de ombros e reacender seu cachimbo. Se Yersin o declarasse doente, poderiam desembarcá-lo. Se for para morrer, que seja no mar. Os dois ficam amigos e cúmplices. Yersin equipa o *Saigon* com um filtro de água Chamberland.

Por passar sempre diante de Nha Trang e a cada vez maravilhar-se, Yersin ganhou autorização para descer à terra com os marinheiros encarregados das entregas. Terra adentro, o deslumbramento com a vegetação, que cobre o topo das montanhas enevoadas a cinquenta quilômetros em linha reta. Na sala de refeições, os dois retomam suas conversas à noite. Ninguém atravessou ou cartografou a cordilheira. O capitão percebe que o futuro do outro não está no mar. Infringe a regra e autoriza-o a ficar vez por outra em Nha Trang, assume o risco de ficar sem médico. Yersin explora o terreno, acostuma-se a andar descalço. Ainda não é uma exploração. Exercita-se também sobre o passadiço, aprende com o velho capitão a usar um sextante e a determinar a localização. Em sua cabine, à noite, estuda geodésia e acumula os conhecimentos matemáticos necessários para as observações astronômicas.

Nessa linha monótona Saigon-Haiphong, de navegação fastidiosa, Yersin prepara, graças ao capitão Flotte, seu futuro de cartógrafo e explorador. Façamos uma homenagem ao bravo marinheiro Flotte entre tantos milhares de bravos marinheiros esquecidos, celebremos esse capitão Flotte. Toda uma vida na água, arando mares e oceanos, para enfim chegar, passando por Saint-Nazaire, onde nasceu, ao porto de Bordeaux, onde morrerá no hospital de doenças tropicais.

um médico dos pobres

Depois de Calmette é a vez de Loir. Yersin percebe que não vão deixá-lo em paz. Adrien Loir, o próprio sobrinho de Pasteur. Um dos primeiros na turma dos pasteurianos. Têm a mesma idade, foram preparadores ao mesmo tempo na rua Vauquelin, antes da construção dos prédios da rua Dutot. Aconselhado por seu tio, Loir envia telegrama atrás de telegrama para o escritório da companhia em Saigon, que Yersin encontra a cada escala.

Foi enviado para a Austrália para criar um Instituto Pasteur, tentar destruir coelhos invasores por meio do micróbio do cólera presente nas galinhas. Vacina também os cachorros e os dingos contra a raiva, vacina os carneiros contra o carbúnculo, é muita coisa. Chama seu colega para ajudá-lo. Ele que sempre quis estar em movimento. Propõe uma vida mais palpitante do que a navegação de cabotagem no Mar da China, um salário maior do que o de um médico de bordo, um laboratório para fazer suas pesquisas. A Austrália é um continente em pleno desenvolvimento. Tudo ali é moderno e ainda por cima se veem cangurus. Usa todos os argumentos. Yersin passa em frente ao Majestic, sobe a rua Catinat, entra no correio de Gustave Eiffel e pede no guichê um papel azul. Escreve cerimoniosamente, garante a Loir sua amizade e louva sua missão, mas recusa-se a ir para Sydney. Como recusara a proposta de Calmette aqui em Saigon. Este renova sua oferta. "Calmette insiste para que eu entre na marinha colonial, prometendo mil maravilhas."

Yersin está convencido de que os belos dias da bacteriologia já ficaram para trás. Acabou-se o tempo dos aventureiros. Acabou-se o trabalho solitário dos gênios amadores. "Sei que no ponto em que chegou a microbiologia, todo grande passo adiante será um trabalho dos mais sofridos e que teremos muitas desilusões e decepções." Não deseja se tornar mais um entre os medíocres. É jovem e tem pressa, Yersin é de se aborrecer rapidamente. Agora que aprendeu a andar de pés descalços na selva, não vai calçar os sapatos de um pesquisador sedentário. Se deixou Paris, não foi para se fechar num laboratório. Escolheu tornar-se explorador. Escolhera esse caminho antes mesmo de se tornar médico. Escrevera sobre isso de Berlim para Fanny, e agora relembra-a. "Percebo que acabarei fatalmente fazendo explorações científicas. Gosto demais disso, e você deve se lembrar de que esse sempre foi meu sonho recôndito, seguir de longe os passos de Livingstone."

De Livingstone, morto uns vinte anos antes, Yersin sabe tudo. Sua expedição da África do Sul a Angola e a travessia de costa a costa do continente até Moçambique. A prática da medicina nas aldeias que atravessou. A descoberta do rio Zambeze e a procura incansável pelas nascentes do Nilo. O encontro à beira do lago Tanganika com o jornalista Stanley enviado à sua procura. *Doctor Livingstone, I presume?* Sua recusa em segui-lo. Sua morte um ano depois. Seu corpo eviscerado pelos fiéis Chuma e Susi e suas entranhas enterradas ao pé de uma árvore. A carcaça ressecada transportada pelos dois numa vara sobre os ombros até Bagamoyo e o oceano Índico, para devolvê-la aos ingleses em Zanzibar. Os funerais na abadia de Westminster e Stanley que segura a alça do caixão. *Here rests David Livingstone. Missionary. Traveller. Philanthropist.* Esperando descobrir lugares desconhecidos, Yersin torna-se, como seu herói, médico dos pobres durante suas estadas em Nha Trang.

"Você me pergunta se tomei gosto pela prática médica. Sim e não. Tenho muito prazer em cuidar daqueles que vêm se consultar comigo, mas não gostaria de fazer da medicina uma profissão, isto é, nunca poderia pedir a um doente que me pagasse pelos cuidados que lhe presto. Considero a medicina como um sacerdócio, como ser pastor. Pedir dinheiro para curar um doente é como dizer: a bolsa ou a vida!" Yersin continua navegando no *Saigon* e a companhia Messageries Maritimes paga-lhe um salário, o que o dispensa por enquanto de cobrar por suas consultas. Por toda a sua vida tentará manter-se distanciado tanto da economia como da política. Um digno seguidor da Igreja Evangélica Livre de Morges e do exemplo de Livingstone, ele mesmo médico, explorador e pastor.

Quando enfim desce na estação de Nha Trang, nessa primavera de 40, encontra a Ponta dos Pescadores, Xóm Côn, pois oito dias de viagem depois, após uma dezena de decolagens e aterrissagens, do adeus à baleiazinha branca de duralumínio anodizado, encalhada no aeroporto de Saigon, é de trem que o velho de barba branca chega à baía grandiosa e calma. Caminha lentamente no píer e os pescadores o cumprimentam. São os netos dos pescadores que o acolheram em outros tempos. É o último retorno do bom doutor Nam, como é chamado aqui, o tio Cinco em homenagem aos cinco galões dourados no uniforme branco, mesmo que não use esse uniforme desde o século passado, quando era o elegante marinheiro de barba negra e olhos azuis que curava seus avós.

Entra em sua grande casa quadrada à beira-mar. Foi ele quem a desenhou há muito tempo. Um cubo, racional. Sobre o telhado, o domo de seu observatório astronômico. Cada um dos três andares é cercado por uma galeria coberta, com colunas. Desta vez temia-se que não voltasse. Esvazia sua mala e arruma os produtos farmacêuticos, que precisará economizar. Senta-se na varanda em sua cadeira de balanço e olha o mar. O sol brincando nas palmeiras e a baía suntuosa. Perto dele, pássaros barulhentos e coloridos, além do papagaio. Pela manhã ouve no rádio as notícias da noite em Paris. A voz do Marechal que se oferece à França e que se prepara para assinar o vergonhoso armistício. A França está derrotada. A Suíça é neutra. A Alemanha, vitoriosa. A campanha na França acaba de fazer duzentos mil mortos em poucos dias, é o balanço de uma epidemia, é a peste marrom. Yersin sabe que a guerra, sendo mundial, acabará chegando a Nha Trang. Os japoneses aliados dos alemães desembarcarão um dia na Ponta dos Pescadores. Como velho epidemiologista, Yersin não esquece que o pior sempre pode acontecer.

Envelhecer é muito perigoso.

Às vezes não é tão ruim morrer jovem e belo. Sem a gangrena, Arthur Rimbaud teria dois anos menos que Philippe Pétain. Yersin tem setenta e sete anos. Retoma em Nha Trang sua vida monástica. Não sairá mais de sua grande casa quadrada até morrer, leve o tempo que levar. Pela primeira vez hesita um pouco. Em que aventura se lançar nessa idade canônica. Sabe que seus dias estão contados. Há muito tempo pedem que escreva suas memórias. A turma de Pasteur. Sem comprometer-se seriamente, põe um pouco de ordem em seus arquivos, abre os velhos baús. Relê apenas seus cadernos de explorador, muito embora preferissem que ele contasse a grande história da peste.

Yersinia pestis.

a longa marcha

Yersin tem vinte e nove anos e quer esquecer a ciência, a microbiologia, a pesquisa, tudo isso é passado, mudou de vida, escolheu o mar, conheceu a felicidade dos cais e das gruas, dos embarques ao amanhecer, do balançar dos navios, o canto da noite sobre as ondas suaves e amareladas da Ásia. Mas bastam dois anos de navegação e eis que já começa a se entediar. Se gostou da precisão da linguagem náutica e da excitação dos grandes portos marítimos que descreverá Cendrars, outro suíço, não imagina envelhecer no convés como o bom capitão Flotte. Pede dispensa da companhia Messageries Maritimes. A empresa concede. Agora está desligado do Instituto e da Messageries.

Em qualquer empresa seria acusado de inconstância. Tem atrás de si trabalhos sobre tuberculose e difteria. É um cientista reconhecido por Pasteur, um excelente médico de bordo. Yersin quer se assegurar de que não venham incomodá-lo demais.

Agora, dono de seu tempo, deixa Saigon para viver em Nha Trang, primeiro constrói uma cabana de madeira na Ponta dos Pescadores, Xóm Côn, e abre ali uma espécie de consultório. O doutor Nam é o primeiro médico ocidental da região. Agora sem salário, tenta sem convicção estabelecer consultas pagas para os notáveis que podem pagar, continua atendendo os pobres sem cobrar, não consegue distinguir uns dos outros e retoma suas caminhadas.

Percorre centenas de quilômetros nas colinas, hospeda-se nas aldeias dos moï, estuda um pouco sua língua, pratica com eles a caça e a medicina. Imagina organizar um dia campanhas de vacinação, aprende a manejar a lança e a besta, em troca inicia-os no hilariante uso de seu canivete suíço, e de tempos em tempos volta a Nha Trang. "Meus doentes anamitas vêm de toda parte quando não estou em excursão. É verdade que são eles, sobretudo, que se aproveitam de minha ciência, principalmente quando, para me pagar, fazem a gentileza de levar minha carteira. Mas o que esperar, se para eles roubar um francês é uma boa ação? Aliás, o que vieram fazer os franceses na Indochina senão roubar os anamitas?"

Antes que suas economias evaporem, aplica-as na compra de material, monta sua primeira expedição verdadeira. Depois do mar e da mata, quer atravessar a selva, escalar montanhas cada vez mais altas. Na falta de uma ordem de missão, beneficia-se do apoio dos moï que aceitam guiá-lo nas primeiras etapas. Quer, saindo de Nha Trang e do Mar da China, atravessar a cordilheira para chegar ao outro lado do rio Mekong. Não o verão tão cedo e quem sabe nunca mais. Leva com ele um intérprete e cinco homens para abrir caminho. Seu torso está coberto de bandoleiras de couro em que se apertam o cronômetro náutico e o teodolito. Em suas costas, uma Winchester, para a caça, espera. Comprou cavalos e dois elefantes, toma a direção noroeste. As etapas serão de três horas de caminhada.

Desta vez segue em frente e proíbe-se de fazer meia-volta. É mais fácil avançar montado, a fim de evitar as sanguessugas, conduzindo os cavalos pelas trilhas, mas depois os cavalos são puxados pelo arreio porque não há mais trilhas. Seguem os pesados elefantes, e para que passem é preciso cortar com o facão os bambus e os arbustos. Há muito tempo os guerreiros moï já voltaram para trás. Em suas roupas grudam insetos cuja existência até seu pai ignorava. À noite, bebem um pouco de álcool de arroz como estimulante, acendem as fogueiras, armam os mosquiteiros, partem novamente. Amanhã, ao se aproximar de uma aldeia, diferentemente de Mayrena que era Marie I e distribuía chumbo, Yersin oferecerá pomadas e estoques de quinino. Depois das paradas, os instrumentos e o equipamento fotográfico são cuidadosamente embalados, protegidos da chuva com uma lona impermeável. Apagam-se as brasas e carregam-se as albardas dos elefantes. Segue em frente. Por territórios inominados, rumo a tribos furiosas, sem violinos e sem alexandrinos. Mantém a direção com a bússola náutica. Parece enfim a verdadeira vida livre e desinteressada. Abrir estradas, aprofundar o caminho no desconhecido rumo a Deus ou a si mesmo. O risível pequeno enigma de si mesmo. Aquele que não soube decifrar na penumbra de um templo em Vaud.

em Phnom Penh

Depois de alcançar os picos a mais de dois mil metros, desce pelas florestas frias de coníferas, pela selva quente, até os arrozais recortados que se veem lá embaixo na planície. O grupo de exploradores extenuados chega ao Mekong nas proximidades de Stung Treng três meses após sua partida de Nha Trang. Yersin revende os cavalos e os elefantes, embarca a pequena tropa a bordo de uma longa piroga. Percorreu todo o caminho a pé, à frente de sua caravana, para não desregular seu cronômetro, e agora pode sentar-se, deixa-se levar pela corrente do rio imenso e cor de jade.

O que era então o cais Piquier, ao longo do berço de atracação há muito tempo coberto, tornou-se a rua 108, perto do Vat Phnom e do bairro francês, do hotel Royal, e hoje do Instituto Pasteur e do hospital Calmette. Mas, quando Yersin chega, Phnom Penh é ainda um vilarejo. Depois de três meses de caminhada, apresenta-se às autoridades francesas. Uma recepção é organizada na casa do residente superior do Camboja, Louis Huyn de Verneville, sem dúvida um jantar com traje determinado, à mesa, sob os ventiladores de teto. Yersin não compartilha esse gosto paradoxal dos franceses regicidas pelos resquícios de nobreza escondidos nos bancos ou na diplomacia. Afundam nas poltronas de couro de búfalo.

 Ele é o primeiro viajante a ligar por terra a costa de Annam ao Kampuchea. A única via de acesso conhecida no reino dos khmer era o rio. Domésticos com uniforme tradicional servem champanhe. Perguntam-lhe sobre seu caminho desconhecido, os selvagens e as selvagens. Mas a conversa de Yersin, quando conversa, é científica como suas cartas. "Em todo lugar em que foi possível, marquei a posição geográfica: quase todas as minhas latitudes foram determinadas por uma série de alturas do polo, procedimento excelente, pois a repetição da observação dá maior exatidão aos resultados. Posso garanti-los com uma margem de mais ou menos vinte polegadas. Minhas longitudes dependem naturalmente do funcionamento mais ou menos regular de meu cronômetro: verifiquei-o cada vez que fui obrigado a ficar vários dias num mesmo lugar, e achei-o bastante constante para poder garantir minhas longitudes em aproximadamente quatro polegadas." É a poesia útil. Todos logo se aborrecem. Os convidados são impermeáveis a essa literatura pós-romântica. Olham as pás do ventilador ou a ponta de seus sapatos engraxados, servem-se de um pouco mais de champanhe, acendem um cigarro. Pelas grandes janelas, veem as águas douradas do Tonlé-Sap quando se junta ao Mekong, a procissão de monges de roupa cor de laranja que sobem ao templo de Vat Phnom. Yersin também se aborrece e o jantar termina. Passam ao absinto. Desistem da ideia de fazer um baile em sua homenagem.

 Isso não importa para ele, que fica impaciente. Não entende por que o aplaudem e felicitam. É simples como a difteria. Basta observar e andar, tirar seu traseiro da poltrona de couro de búfalo. É como o espanto dos matemáticos quando constatam que nem todos à sua volta sabem resolver uma equação de terceiro grau, esse espanto sincero que pode ser visto como orgulho quando é apenas inocência, o espanto desses homens que percebem que nem todos são iguais a eles, esse espanto que pode ferir os fundamentos da República, ao mesmo passo que se aceita de bom grado que nem todos corram cem metros em dez segundos, essa irritação dos hipermnêmicos também, de ter que tomar notas pois de maneira geral tudo é esquecido rapidamente.

Yersin e sua pequena tropa voltam a Saigon a bordo de uma embarcação fluvial pelo delta do Mekong. Escreve seu relatório, registra suas observações geográficas e etnológicas, ilustra-as com cerca de cinquenta fotografias que revela em sua cabana em Nha Trang. Desenha mapas precisos de seu percurso, que são enviados a Luang Prabang, no Laos, onde são relacionados com os dados da Missão Pavie. O texto é enviado a Paris. Que não se espere encontrar ali o pitoresco. É exato como uma explanação de pasteuriano, um elogio à glória de seu cronômetro suíço Vacheron e de seu barômetro "acertado com o do Observatório de Manila".

O relato é científico demais mesmo para uma revista de divulgação como *Le Tour du Monde*. Nem ataques de tigres, nem princesas indígenas langorosas com seios pontudos. Sem entrar em detalhes, os jornais da metrópole ainda assim divulgam a proeza. Yersin é convidado para ir a Paris. Pasteur cuida para que seu quarto no Instituto esteja livre, o ninho. O Lutetia ainda não existe. Seu relato da expedição é publicado na revista da Sociedade de Geografia, que cinco anos antes publicara o relato da expedição africana de Arthur Rimbaud, *Rapport sur l'Ogadine*, hoje Ogaden. No bulevar Saint-Germain, Yersin atravessa o pórtico da Sociedade de Geografia, em que duas cariátides sustentam a terra e o mar.

À sua conferência assistem, lado a lado, a turma da rua Dutot e a turma da rua Mazarine, os cientistas pasteurianos — entre eles o próprio Émile Roux, que acabara de apagar seu bico de Bunsen e de pendurar seu avental no cabide do vestíbulo — e os geógrafos exploradores — e entre eles o próprio Auguste Pavie, de volta do Laos e de seu vice-consulado em Luang Prabang. É surpreendente o talento desse jovem que cruza assim as turmas, como Paul Gégauff no próximo século reunirá as turmas da Nouvelle Vague e do Nouveau Roman. Os jornalistas, que por força das coisas são também caricaturistas e fisionomistas, estão curiosos para saber que cara ele tem. Ficam decepcionados. Nem cara de cientista louco nem de aventureiro. Um jovem calmo e determinado, de olhar claro e azul, com a barba negra bem aparada. "À noite, janto com o senhor Pasteur, que gosta muito dos relatos de viagem." É o jovem porteiro, Joseph Meister, agora com dezesseis anos, que abre a porta e guarda seu sobretudo.

Yersin passa três meses em Paris e inscreve-se no curso do Observatório de Montsouris. Por enquanto sem salário, lança-se à procura de apoio e de dinheiro para preparar novas expedições, recusa-se a participar da Missão Pavie. Conhece César. Melhor ser o primeiro em Nha Trang que o segundo em Luang Prabang. Pede novamente apoio a Pasteur. Essa segunda carta é ainda mais entusiasmada que a primeira endereçada à companhia Messageries Maritimes. "O doutor Yersin me pede para recomendar sua petição ao senhor Ministro do Exterior. É com total confiança e vivo interesse que o faço. O doutor Yersin trabalhou no Instituto Pasteur durante dois anos com grande sucesso. Desenvolveu com o doutor Roux um trabalho de primeira ordem sobre a difteria: seus grandes conhecimentos em medicina valeram-lhe o título de doutor. Seu futuro como cientista teria sido brilhante. Mas de repente, depois de muitas leituras, foi tomado por um desejo ardente de viajar e nada pôde prendê-lo perto de nós. Posso certificar que o doutor Yersin é um homem muito sério, de uma honestidade a toda prova, de uma coragem extraordinária, possuindo qualidades tão variadas quanto específicas, capaz em uma palavra de trazer grande honra a nosso país. No mais, a simples leitura de seu relato anexo sobre sua recente viagem ao Mekong pode dar imediatamente a mais clara ideia das qualidades de viajante e explorador do doutor Yersin."

Espera com isso obter um bom dinheiro. Receberá quatro tostões.

Durante esse primeiro período na Europa depois de sua partida para o mar, Yersin vai a Morges, beija Fanny, vai à casa Vacheron, compra com seus quatro tostões um novo cronômetro, um eletrômetro e vários termômetros, e na Mayor compra dois fuzis de caça e cartuchos. Sentado na sala florida da Casa das Figueiras, com os colunistas reunidos, abre diante de Fanny e das moças de boa família seus cadernos de explorador, cuja leitura, já sabemos, é fastidiosa. Elas queriam imagens. Yersin mostra as fotografias das mulheres moï que Fanny apressa-se em cobrir com um guardanapo, e as moças ficam vermelhas assim que veem. Veja só, seu Alexandre, o pequeno cantor de salmos na Igreja Evangélica Livre, é agora fotógrafo de nativas em pelo.

um novo Livingstone

De agora em diante será assim a vida de Yersin. Explorador e agrimensor nomeado pelo governador-geral, que se debruça junto com ele, em um escritório em Saigon, sobre os mapas antigos enigmáticos e bizarros de Annam, de Tonkin e do Laos, com o lápis na mão. É um país conquistado, mas desconhecido. Generais romanos depois de Alésia, diante de um esboço dos gauleses e germânicos. Perguntam-se onde poderiam encontrar minérios e talvez ouro, onde criar cidades, acantonar as tropas. São como nós, e como todos os conquistadores, crianças que sonham com mapas coloridos, com atlas, um grande casaco de arlequim jogado sobre a terra para descrevê-la. Yersin está de volta de Phnom Penh e de Paris, consultou manuscritos na biblioteca da Sociedade de Geografia, alguns relatos alucinados de missionários, imaginou o percurso de futuras expedições. Claro que sente um pouco a falta da bacteriologia, como da navegação marítima. Sua curiosidade é enciclopédica.

Durante dois anos prepara sua missão. Dão-lhe o material e os homens, o dinheiro e as armas. Pedem-lhe em troca que estude em seu caminho o traçado de novas rotas para o comércio, que assinale os lugares propícios à criação de gado, que inventarie as riquezas florestais e minerais. É ainda a ideia saint-simoniana da valorização das riquezas da terra. Um dia será preciso inventar também o pneu e o trator-reboque sobre ele, para acelerar a exploração de madeira. Estamos na época em que o homem acaba de se tornar mestre e dono da natureza. Em que a natureza ainda não é uma senhora frágil que precisa ser protegida, mas um temível inimigo que é preciso vencer.

À noite, no acampamento, apoia nos joelhos os croquis, indica os riachos que durante as monções tornam-se torrentes de lama e quantas pontes deverão atravessar. Chega até as aldeias cham, penetra a antiga civilização do Champa, os longínquos descendentes dos malaios antes dos khmer e dos anamitas, pois os invasores que criam raízes acabam sempre por ser invadidos. Durante dois anos, conhece os amanheceres frios e adstringentes nos picos da cordilheira. Na selva, à noite, os acampamentos no meio do círculo de fogueiras para afastar os bichos. As caçadas na planície e as crises de paludismo, as febres geladas sob as chuvas mornas. As conversas e o álcool de arroz compartilhado, os amuletos e os pactos de sangue, prática pouco pasteuriana, mas Yersin leva com ele produtos mágicos e antissépticos dos pasteurianos elaborados por Calmette em Saigon.

O negócio de exploração desenvolve-se: além dos elefantes e dos pequenos cavalos de montaria, gado que será assado no caminho, cestas de aves, carregadores e batedores. Às vezes é uma fila de oitenta pessoas que serpenteia sob as árvores. Vemos Yersin num autorretrato, usando um grande chapéu de pano e uma roupa chinesa abotoada até o pescoço. Diante dele as palmeiras se separam e por um instante Yersin interrompe sua marcha, instala sobre o tripé o grande cubo de madeira envernizada. Stop. Paremos diante da imagem. Detalhemos os materiais que tem sobre seu corpo: fibra vegetal para as roupas, metal e vidro para os instrumentos, couro, pele de animais curtida para o cinto e as bandoleiras, tudo isso é conhecido desde a Antiguidade, assim como o cavalo e o elefante, sem plástico nem fibra sintética ainda. Play. Yersin retoma sua marcha e a cortina de palmeiras se fecha atrás dele.

Ao longo dessa segunda expedição, depois de escalar uma montanha coberta de coníferas, um vasto platô com vegetação verdejante abre-se à frente até o horizonte, no frio de mais de mil metros de altitude. No meio corre um rio. A visão é helvética. Uma vez de volta, Yersin recorda que "a aparência lembrava a de um mar revolvido por um enorme movimento de ondulações verdes".

Descobre o planalto de Lang Bian.

Quatro anos mais tarde, depois de ler o relatório de Yersin, Paul Doumer, o novo governador-geral, quer conhecer pessoalmente o lugar. Doumer tenta criar na Indochina uma estação de montanha para acolher colonos cansados e com paludismo, uma casa de repouso e um sanatório. Os dois, acompanhados de um pequeno grupo, empreendem a subida.

Paul Doumer é o símbolo dos professores de casaca preta da Terceira República e da igualdade democrática. Educado por sua mãe, viúva e dona de casa, o pobrezinho tornou-se operário, depois professor e enfim deputado. Integra as fileiras da esquerda radical. Encoraja o desenvolvimento das ciências e da saúde. Decide construir no frescor do Lang Bian um lindo vilarejo alpino.

Os dois, o órfão de Morges e o órfão de Aurillac, continuarão amigos até a morte de Doumer.

Amigos por muito tempo. Pois será longa e brilhante a carreira de Doumer. Presidente da República, morrerá em 32, assassinado com vários tiros por um imigrante russo, Pavel Gorguloff. Muito tempo depois do assassinato a tiros do irmão de Calmette em seu escritório no *Figaro* e de Jaurès em seu bistrô. Toda a sujeira da política.

em Da Lat

Quarenta anos depois, no meio dos anos 30, três anos depois do assassinato de Doumer, Yersin ainda vive e está em Da Lat.

À beira do lago, vilas no estilo da Normandia e de Biarritz. Chalés alpinos nas colinas. Canteiros de flores, agapantos e capuchinhas e hortênsias como em Dinard. Uma ferrovia com cremalheiras sobe até o platô antes intocado, chegando a uma estação que, como a de Pointe-Noire no Congo, é uma cópia da estação de Deauville. O Instituto Pasteur administra o hospital. Inauguram um convento em que freiras cantarão matinas e laudes, o Convento dos Pássaros, e também uma escola para muitas centenas de alunos, que Yersin, descobridor do platô, aceitou que batizassem com seu nome.

O novo governador-geral organiza uma recepção sob os lambris do Lang Bian Palace no meio de seu parque de cedros, pinhos e araucárias que desce suave até a beira d'água. O imperador Bao Dai, cuja residência de verão fica ao lado e na qual ele passa temporadas quando não está no cassino de Mônaco, aproveita a cerimônia para entregar ao velho Yersin a Grã-Cruz da Ordem do Dragão de Annam.

Sentado no balcão arredondado e envernizado, em frente à biblioteca do hotel, do outro lado das colunas de mármore, o fantasma do futuro ouve o discurso do imperador de meia pataca, de terno branco e sapato bicolor de gigolô. Fogo aceso na lareira. Tapeçarias, douraduras, cortinas e vasos chineses: tudo isso foi içado pela montanha desde a costa pelo trem com cremalheiras que também trouxe a delegação oficial e os jornalistas, entre os quais esgueirou-se incógnito o fantasma do futuro.

Quando inauguram o Liceu Yersin de Da Lat, nesse ano de 35, Yersin tem setenta e dois anos. Encontraram e convocaram velhos moï que ele conheceu durante sua exploração, quando só havia ali vegetação e animais. Yersin está pouco à vontade com seu terno preto coberto pela faixa vermelha e dourada do Dragão, e um pouco incomodado também por não poder, diante do imperador Bao Dai e das autoridades francesas e anamitas que o adulam, dizer o que no fundo sente. Gostava mais do platô antes. A grande onda de vegetação. Arrepende-se um pouco de tê-lo descoberto, ou de ter indicado o lugar a seu amigo Doumer. Esse platô deveria ter sido deixado para os povos da montanha.

Lê seu discurso de agradecimento ao governador-geral e ao imperador de meia pataca, mas por dentro pensa diferente. É assim Yersin, elogia o progresso quando é ele que o instiga. Com a idade, a nostalgia o domina. Sob os lustres de cristal, perto do piano, o velho cingido com a faixa vermelha e dourada pousa seus olhos azuis sobre as águas azuis do lago. Uma visão fugaz de Morges e da Casa das Figueiras. Revê Doumer morto por causa da política. Nesse meio dos anos 30, a Europa aproxima-se novamente da guerra. Aqui, fingem ignorá-la. Aplaudem, erguem as taças de champanhe no balneário despreocupado e *art déco* à sombra dos pinheiros. Já havia escrito a Calmette. "Encontrei Da Lat transformada e a ponto de se tornar uma cidade mundana. Você me conhece o bastante para saber que esses melhoramentos, apesar de necessários, não me encantaram."

Prefere Dankia, povoado moï a uma dezena de quilômetros, "cujas grandes colinas desnudas são recobertas de uma grama verde, com a floresta no horizonte, sobre a crista das colinas mais elevadas, espetáculo que me lembra singularmente a região dos pastos dos Alpes e do Jura". Yersin lembra-se de sua primeira travessia do platô deserto de Lang Bian como de um sonho, da longa onda verde de vegetação alta e selvagem. Não tinha trinta anos. Se tivesse morrido naquele momento, sem escrever as *Iluminações*, se tivesse morrido naquele momento sob os golpes do bandido Thuk, a vida de Yersin se resumiria a isso na história da medicina e da geografia: descobriu a toxina diftérica, provocou em um coelho uma tuberculose experimental, traçou um caminho de Annam ao Camboja e encontrou um lindo local para construir uma estação de águas suíça em plena Ásia.

O fantasma do futuro, o escriba de caderneta em punho que segue Yersin desde Morges, que passou pelo Zur Sonne em Marburg, pelo Lutetia em Paris, pelo Royal em Phnom Penh, pelo Majestic em Saigon e agora pelo Lang Bian Palace em Da Lat, pensa que no fundo é bem agradável seguir esse homem. Os estabelecimentos são da melhor qualidade. Agora à tarde, andava à beira do lago. Uma cidade surgida do nada sobre o platô verdejante, dos anos 30 para cá. Desde então, Da Lat mudou de dono e de população, mas não de cenário. É um tipo de Bagnoles-de-l'Orne na Normandia ou de Cambo-les-Bains no País Basco. Aqui os trinta anos das guerras do Vietnã escorreram como água nas penas de um pato, muito longe dos combates. O escriba escreve isso em sua caderneta aberta sobre o balcão envernizado, entre os jornalistas chegados de Hanói e de Saigon no trem para a inauguração da escola. Não o reconhecem. Diz que é enviado especial do *Paris-Soir*. Pedem-lhe notícias da metrópole. De Jean Gabin ou de Arletty. Querem saber se o Front Populaire vai ganhar no próximo ano. O fantasma é evasivo.

O fantasma do futuro não comete nenhum erro. Sua roupa é suficientemente atemporal. Calça de brim e camisa branca, gravata azul, sapatos ingleses de bom couro. Conhece a atualidade como se tivesse lido nos arquivos os jornais da véspera. Conhece o avanço das ciências e das técnicas, fala francês sem nenhum neologismo. Um bom agente infiltrado no tempo, nos anos 30. Tiraria de bom grado um Marlboro Light do bolso, mas sabe que a marca ainda não existe. Mas então, por excesso de confiança ou de álcool, esquece de desligar seu celular e atende uma ligação.

Logo há um ajuntamento em torno de seu banco no bar, um motim, chamam a polícia. Acusam-no de ser um espião a serviço do Partido Comunista da Indochina, fundado cinco anos antes por Ho Chi Minh. Os seguranças aproximam-se do imperador marionete do imperialismo e o cercam. Esquecem o velho explorador e sua faixa do Dragão. Na delegacia é pior, o fantasma do futuro confessa, explica, enrola-se, profetiza, fala da próxima guerra mundial dali a quatro anos, da chegada dos japoneses e dos franceses enviados aos campos de concentração. O general Giap, chefe dos rebeldes, em uma das suítes do Lang Bian Palace. Diên Biên Phu e a vitória de Ho Chi Minh. A guerra no Vietnã e a derrota dos americanos. A chegada dos soviéticos. Prendem-no, uma injeção, a camisa de força, você, meu companheiro, não vai rever a França tão cedo.

Arthur e Alexandre

O celular não tocou. O fantasma subiu para sua suíte. Enche a banheira de ferro com patas de leão etíope, solta o nó da gravata, liga o ventilador de latão. Sobre a mesa, um livro de Leonardo Sciascia em que uma frase está sublinhada: "A ciência, como a poesia, encontra-se, é bem sabido, a um passo da loucura".

Sobre a cama, notas espalhadas. Cartas para as duas mães, Vitalie e Fanny. Para as duas irmãs, Isabelle e Émilie. Cartas escritas com pressa porque sempre era hora de partir, de ir embora, de comprar um cavalo ou de fazer uma encomenda, sextante, teodolito, barômetro aneroide, tratados de mecânica e manual de terraplenagem, de mineralogia, de trigonometria, de hidráulica, de astronomia, de química. Um reúne a maior biblioteca científica de Annam e o outro, a maior biblioteca científica da Abissínia. O fantasma poderia escrever a vida desses dois em paralelo. A vida longa de um e a vida breve do outro.

O Lang Bian Palace é uma ilha suspensa no tempo, hoje Da Lat Palace — sem que se veja de fato, nessa mudança, a passagem do capitalismo para o comunismo, e mesmo que não se tenha ousado, depois da independência, rebatizá-lo de Ho Chi Minh Palace, com o nome daquele que passou grande parte de sua vida em acampamentos precários, nem com o de seu general Giap que no entanto hospedou-se ali durante as negociações com os franceses.

As torneiras de latão esverdeado, provavelmente centenárias, continuam funcionando bem. Os tapetes persas são propícios aos deslocamentos no tempo e no espaço. À imaginação geográfica e demográfica. Deitado na água quente, o fantasma do futuro acende um cigarro e ouve o vento balançar as árvores do parque. Sete bilhões de homens povoam hoje o planeta. E eram menos de dois no começo do século xx. Pode-se estimar que ao todo oitenta bilhões de humanos viveram e morreram desde o surgimento do *Homo sapiens*. É pouco. O cálculo é simples: se cada um entre nós escrevesse apenas sobre dez vidas ao longo da sua, nenhuma vida seria esquecida. Nenhuma seria apagada. Cada uma chegaria à posteridade, e assim se faria justiça.

Um túmulo é apenas um túmulo. Escrever uma vida é tocar violino lendo uma partitura. Um viveu do Segundo Império até a Segunda Guerra Mundial, o outro caiu do cavalo aos trinta e sete anos. Nos dois, o mesmo frenesi de conhecer e de viajar, de largar as turmas dos pasteurianos ou dos parnasianos. O gosto pelos amanheceres ensolarados e pela navegação marítima, pela botânica e pela fotografia. "Acabo de encomendar em Lyon um aparelho fotográfico que me permitirá intercalar nesse livro vistas dessas terras estranhas." Mas o curioso álbum sobre a terra dos galla, afinal de contas foi Yersin que o escreveu, mas sobre a terra dos moï. Para os dois, do outro lado do mundo, uma ideia a cada cinco minutos. Importar mulas da Síria para a Etiópia ou vacas da Normandia para a Indochina. A aventura da ciência, "a nova nobreza! O progresso. O mundo avança!". O gosto pela matemática. A soma de ângulos de um triângulo é sempre igual a dois ângulos retos. A poesia devia ser assim. O alexandrino que lhe vem no fim de uma carta para Fanny. O verso no fim do qual poderiam enfileirar-se todos os verbos no infinitivo. Porque a vida não vale a pena se não...

Enquanto Yersin prepara suas expedições, acontece a queda do cavalo em Diré Daoua. O amigo grego escreve que Rimbaud "luxou o joelho e cortou-se em espinhos de mimosa". Têm isso em comum, a solidão e o fato de ir para outros lugares e de avançar à frente de suas caravanas, de fazer mais e melhor que seus pais ausentes. De ir mais longe que seus pais desconhecidos na ciência e na geografia. Para um, o microscópio e o bisturi encontrados no celeiro de Morges. Para o outro, o Alcorão e a gramática árabe encontrados no celeiro de Roche. Abrir um caminho de Entotto a Harrar é ir mais longe que o capitão Rimbaud, da turma dos saarianos. Abrir um caminho de Nha Trang a Phnom Penh é ir mais longe que o intendente da Casa de Pólvora. E os calores atrozes e a sede, eles os contarão para as mulheres, para a mãe e a irmã sedentárias que nunca saíram da Suíça ou das Ardenas, escondendo o prenome, assinando brutalmente, como os pais, *Rimbaud* ou *Yersin*.

Não descobrir o bacilo da peste teria condenado Yersin a morrer como explorador desconhecido entre milhares de exploradores desconhecidos. Basta uma picada na ponta do dedo, como no conto de fadas. Mas é sempre assim, essa vida romântica e ridícula dos homens. Quer se cure a peste ou se morra de gangrena.

ao encontro dos sedang

Se uma picada de agulha ou de espinho de mimosa é a porta aberta para a morte, a ferida aberta e vermelha de uma lança fincada em um torso cava ali um túnel onde penetram milhões de micróbios. Yersin conhece a medicina e a cirurgia e salva a própria pele depois da luta com Thuk. É raro que existências como essas não conheçam algum paroxismo de violência.

Se, durante todos esses anos de exploração, a prática constante da medicina nas aldeias e a vacinação das crianças aproximam Yersin de seu herói pacífico, o bom doutor Livingstone, sua intransigência e seu humor sombrio levam-no a comportar-se às vezes mais como Stanley, o briguento. A praticar o tiro ao alvo contra os bandos de ladrões que então eram chamados de piratas, salteadores, em que se inspirarão mais tarde as guerrilhas dos primeiros combatentes anticolonialistas, tipos como Mandrin ou Lampião.

Ali o sujeito chama-se Thuk, um grandalhão, chefe de um bando que rouba e pilha, cinquenta foragidos, acusados de assassinatos e que não têm nada a perder, com suas cabeças a prêmio. Levam com eles alguns fuzis roubados das tropas, espadas, facões. Na terra de seus amigos moï, Yersin chega uma noite a uma aldeia pilhada cujas cabanas ainda queimavam. Os sobreviventes indicam-lhe um caminho sob as árvores e os mais corajosos juntam-se a ele. Começa a perseguição silenciosa durante a noite. Os homens de Thuk estão mais lentos por causa do peso do arroz roubado e do gado que caminha devagar, mas também pela segurança de achar que nunca um punhado de camponeses desarmados ousaria importuná-los, encarando os espíritos malignos da floresta. Param e acendem as fogueiras, fazem o inventário do butim. Yersin aponta seu revólver. As chamas altas criam um teatro de sombras nos galhos das árvores. Thuk salta e desvia o cano. Yersin leva um golpe violento de tacape, que lhe quebra a fíbula. Defende-se, mas fica no chão. Um facão corta a metade do polegar de sua mão esquerda. Thuk enfia-lhe uma lança no peito e o bando foge, achando que está morto. E é isso que teria acontecido a qualquer aventureiro que não tivesse os produtos mágicos dos pasteurianos.

Os homens de Yersin encontram-no ao amanhecer, sangrando mas consciente, perto das brasas que estão se apagando. Atravessado pela lança como um inseto na cartolina. Dessa vez a expedição foi curta e talvez também a vida esteja tomando o mesmo caminho. Formigas e outros bichinhos alimentam-se na terra avermelhada. É assim que muitos exploradores deixam seus biógrafos na mão, depois de algumas páginas. Deitados com um buraco vermelho no peito. Suas vidas se acabam na manchete de algum jornaleco colonial, folheado enquanto se beberica vermute ou cassis nos terraços da rua Catinat: "Descobridor da toxina da difteria morre perfurado por uma lança em território moï".

Yersin, que perdeu muito sangue, sabe que seu tempo está contado e dirige a operação. Seguindo sua orientação, não tiram a lança antes de cortar a carne em volta. Puxam lentamente a ponta sem forçar os lados, higienizam a ferida, desinfetam os cortes, colocam uma atadura apertada no torso e outra em torno da mão, uma tala na perna quebrada. Deitam-no numa maca de trepadeiras e bambu que os homens carregarão sobre os ombros durante vários dias, até Phan Rang. Ali vive um telegrafista considerado agorafóbico, isolado numa cabana sob seu poste e seu emaranhado de fios pretos suspensos. Avisam Calmette em Saigon para recompor a farmácia. Yersin melhora pouco a pouco. Seu biógrafo respira. O ferido continua imóvel, e em alguns dias pega de novo seus cadernos. "No fim, o caso terminou com a perda de um fuzil e um revólver. Não creio que me levarão em consideração: o governador-geral ficará chateado com esse ensaio de rebelião no sul, logo agora que se vangloria pelo fato de Annam estar totalmente pacificada. Procurará abafar o caso, e até o negará se for preciso. Mas não me arrependo do que fiz: meu dever era bem claro."

Enquanto as feridas cicatrizam, Yersin—é mais forte que ele—começa a estudar o funcionamento do posto telegráfico. Sua perna está engessada e ele é transportado até Saigon, onde escreve seu relatório, envia cartas, indica a abertura das estradas possíveis, passa a limpo as notas rabiscadas nos cadernos. O convalescente lê revistas técnicas e faz encomendas de materiais novos na França. No porto, assim que se sente pronto para viajar, ajudam-no a descer de uma charrete atrelada a cavalinhos. Encosta suas muletas em uma cabine do *Saigon*, que parte para Haiphong, e conversa com seu sucessor a bordo, vestido com o uniforme branco de cinco galões dourados. Desce na primeira escala e volta a seu paraíso de Nha Trang, troca o barco da companhia Messageries por sua cabana de madeira na Ponta dos Pescadores. Ainda mancando, começa a se ocupar na câmara escura, revela suas fotografias, já prepara a próxima expedição, a maior no mapa, tudo para o norte e depois para o oeste. A mais ambiciosa também. Quer abrir outro caminho entre Tonkin e o Laos além do que Pavie abriu por Diên

Biên Phu. Envia cartas para Fanny. "Segue anexa uma carta para a Mayor, para que me mandem novas armas que pagarei depois que receber."

Pouco antes de sua partida, fica sabendo da prisão de Thuk, e tranquiliza Fanny ou deixa-a ainda mais preocupada: "Parto amanhã para o interior, e não quero fazê-lo sem lhe dizer que minha mão está totalmente cicatrizada e minha perna, curada. Estou em boas condições para continuar minha viagem. Hoje cortaram a cabeça de Thuk. Assisti à execução para tirar algumas fotos. Na verdade, é horrível. A cabeça caiu ao quarto golpe de sabre. Thuk, no entanto, não reagiu. Esses anamitas morrem com um sangue-frio verdadeiramente impressionante".

Nesse ano, na França, acontece o centenário do Terror, que também fizera rolar muitas cabeças e que é preferível não homenagear com uma segunda torre de ferro. Nesse ano também, a frota francesa deixa Saigon para estabelecer o bloqueio de Bangkok, a pedido de Pavie, promovido a comissário das fronteiras. Yersin não corre o risco de tornar-se diplomata. Toda essa sujeira da política. Segue em marcha rápida rumo à terra dos sedang. Atravessa mais uma vez as florestas abertas e os pinheirais brumosos. Cruza o caminho de colunas de milhões de formigas que não desviam um metro que seja e diante das quais os camponeses devem ceder e deslocar suas aldeias. A tropa de guias e de animais de carga sobe a montanha por trilhas estreitas, atravessam rios. Montados, lado a lado, Yersin e o padre Guerlach, que acaba de fazer os primeiros levantamentos topográficos e antropológicos da região, de registrar as crenças e os idiomas dos caçadores-coletores, na esperança vã de salvar suas almas em vez de escravizá-los como tentou, sem nenhum sucesso aliás, Mayrena que ali foi Marie i.

Os refúgios dos sedang são ninhos de águia nos cumes, protegidos por altas paliçadas. Depois que reconhecem Guerlach, acionam as portas com polias, confraternizam, trocam objetos, dançam, compartilham a refeição. No meio da praça, Yersin desembala seus instrumentos científicos. Pernas afastadas, o olhar levantado para o céu, toma as latitudes e longitudes, procura o polo à noite, mede as altitudes no barômetro. O padre pega crucifixos e turíbulos, reza a missa, sussurra e levanta os braços para seu deus que parece ficar não muito longe do polo. É a primeira vez que os sedang encontram homens mais selvagens que eles e assistem a seus ritos impagáveis. Dobram-se de rir. Os feiticeiros por sua vez não acham muita graça, mas no futuro acabarão integrando algumas variantes do show em suas cerimônias. Em cima das muralhas, os guerreiros brandem seus escudos cobertos de pele de rinoceronte, gritam e agitam lanças e sabres, desejam aos brancos um bom retorno. A coluna desce a montanha e chega a Attapeu no Laos, do outro lado da cordilheira. Ali, a atração são os cavalos domesticados e arreados que os aldeões veem pela primeira vez.

Os exploradores enveredam pela descida suave das selvas rumo às margens do Mekong. Estão andando há meses. Seu avanço é silencioso e fatigante. Mais abaixo, o amarelo e o verde, o esmeralda e o vermelho. Entre os galhos, o grande sol amarelo e as altas palmeiras que se curvam sob a chuva. Cobras e rãs e pequenos espíritos tutelares que fogem. Voos barulhentos de periquitos vermelhos. Sobem para o norte e alcançam pela segunda vez os cumes, seguem rumo leste na direção do Mar da China para chegar a Tourane e depois Hanói, onde os dois antropólogos, o católico e o agnóstico, entregam seus respectivos relatórios ao governador e ao bispo. Numeram com pena e tinta os crânios de inimigos ofertados pelos sedang e as presas de elefante coletadas durante a missão. Enchem caixas com bugigangas etnológicas para o Museu do Homem em Paris.

Yersin faz tudo isso como se assinasse o diário de bordo na sala dos oficiais antes de desembarcar. Para ele, esta tornou-se uma atividade não muito diferente da navegação, apenas mais exaltante. Parece não se cansar. Apressa-se para chegar a Nha Trang pela linha da companhia Messageries Maritimes.

Mas acabaram também, para ele, as longas marchas. As horas sob a chuva, no passo dos cavalos. Os desenhos dos perfis das montanhas. O cheiro do esterco e do couro molhado. A carne sobre o fogo no acampamento e o latido dos cães perto das aldeias. Ainda não sabe. Nunca mais fará explorações. Um telegrama de Calmette aguarda-o junto ao governador-geral, que avisa que outros telegramas o esperam em Saigon. Roux e Pasteur pedem-lhe que vá o mais rápido possível para Hong Kong. É a grande história da peste. Yersin fecha seu último caderno de explorador, cuja tinta ainda está fresca e úmida.

A mão envelhecida, trêmula e manchada, com o polegar cortado, fecha o último caderno de explorador, cuja tinta está seca e pálida. O estilo também envelheceu. Tipo Vidal de La Blanche.³ Yersin usa óculos sobre os olhos azuis desbotados. Retorna ao presente de Nha Trang, ao presente do verão de 40. Está fechado em sua grande casa quadrada com arcadas, que substituiu a cabana de madeira. O grande cubo racional. Os trezentos metros quadrados e a escada que leva ao telhado-terraço e ao observatório astronômico. O doutor Nam tem setenta e sete anos. Desde seu retorno da Europa, há dois meses, a bordo da baleiazinha branca, releu seus cadernos pela ordem. Era como estar lá novamente, nas selvas ou entre os sedang. Hoje suas pernas não aguentam mais. É noite. Está sentado em sua cadeira de balanço na varanda, de frente para o vasto mar que reconforta nossos labores.

Há dois meses, a leitura dos velhos cadernos tirou-o do presente da história. As frases sobre a luta com Thuk despertaram a lembrança da dor fulgurante, a espera da

---

3. Paul Vidal de La Blanche (1845-1918), geógrafo francês. (N. T.)

morte deitado sob as árvores e o jogo das luzes nas copas das árvores. Abriu sua camisa para observar a cicatriz, convencer-se de que tudo aquilo tinha mesmo acontecido com ele. Não tem mais a coragem ou o gosto de escrever suas memórias. Será o único para sempre a saber de tudo aquilo, a se lembrar ainda. Não importa. Mais do que as poucas obras que publicou, é a imensa correspondência com Fanny e Émilie que contará sua vida. Elas não perderam nenhuma carta. Serão encontradas depois da morte da irmã, enfiadas nas gavetas de uma cômoda. Cartas escritas de um só fôlego, sem nenhuma rasura e sempre assinadas *Yersin*, sem o prenome do pai, e às vezes, por ironia, *Dr. Nam*. Mas hoje, nesse verão de 40, Yersin ignora tudo isso, acha que sua vida se apaga. Toda noite, ouve as rádios do mundo em ondas curtas. É o verão de 40 e o mundo se acaba.

Os vichystas nomeiam para o posto de governador-geral da Indochina o almirante Decoux, que comandava a frota francesa do Extremo Oriente. Aqui, como na metrópole, é proibido ouvir a rádio dos ingleses. Yersin sabe que terá problemas. Sabe que alguns jovens responderam ao chamado lançado em junho por esse curioso general de dois metros de altura que morava no Lutetia antes da guerra. Ouve as rádios alemãs, com propaganda e gritos de vitória. É mais uma vez a guerra com a Alemanha, e mais uma vez a Alemanha será destruída depois de milhões de mortes, como o extralúcido Rimbaud aos quinze anos previra depois de Sedan e da queda do Segundo Império. Os nazistas deviam ter lido o jovem profeta que escrevia que "a administração de ferro e de loucura vai aquartelar a sociedade alemã, o pensamento alemão, e tudo isso para serem esmagados no fim por uma coalizão!".

Cinco dias depois do chamado de Londres, lançado pelo general, o ditador em preto e cinza que Chaplin imita muito bem aterrissa no Bourget. É um domingo, são cinco horas da manhã. A viagem do Führer estava prevista antes mesmo da ofensiva e por isso os stukas de Göring pouparam a pista do Bourget, deixando decolar a baleiazinha branca no último voo da Air France. No rádio, o locutor alemão descreve com entusiasmo a partida dos três Mercedes conversíveis que chegam a Paris sob a luz suave de um amanhecer de junho, seguidos por uma horda de fotógrafos e cineastas. O ditador em preto e cinza está acompanhado de seu arquiteto Albert Speer. Quer fazer em Berlim melhor do que fizeram em Paris. Visitam rapidamente a Ópera, a Madeleine, a Concorde, os Champs-Élysées, a torre Eiffel, o Trocadero. Vê Paris pela primeira vez, esse que proclamava em *Mein Kampf* seu dom para a pintura, "que só não ultrapassa meu talento como desenhista, particularmente no domínio da arquitetura".

Esse tipo de entusiasmo não ajuda a reconciliar Yersin com as artes, com todas essas bobagens da pintura e da literatura. Como se esses dois, Hitler e Göring, fizessem sua guerra mundial com o objetivo único de enriquecer suas coleções de pintura e de brigar entre eles pelos quadros. Yersin pergunta-se o que teria sido feito do jovem Louis Pasteur se, em vez de químico, tivesse se tornado pintor de retratos, sonho que alimentara em seu distante Jura. O artista Pasteur, que em meio a suas pesquisas científicas continuará dando aulas na Escola de Belas-Artes de Paris.

Quando os primeiros alemães se apresentam no Instituto nesse verão de 40, pouco depois da última partida de Yersin, pedem para visitar a cripta onde descansa Pasteur. O velho zelador, Joseph Meister, o primeiro homem salvo da raiva, não os deixa entrar. Os soldados empurram-no e o deixam de lado. Os oficiais entram na cripta. O velho alsaciano suicida-se em seu quarto com a pistola que trouxe da guerra de 14.

Yersin fica sabendo por uma rádio alemã que a bandeira com a suástica se agita sobre o telhado-terraço do Lutetia, logo acima de seu quarto de esquina no sexto andar.

O hotel tornou-se sede da Abwehr, o serviço de espionagem do Exército. Sentados em volta do piano, os oficiais em cinza e preto secam as reservas de conhaque. Depois da batalha da França, vem a batalha da Inglaterra, bombardeada pelos aviões de Göring, outro amante de pintura que, às escondidas de Hitler, desvia tripulações para enviá-las às cidades ocupadas a fim de carregar obras apreendidas por suas próprias equipes de historiadores da arte.

Dois meses depois da visita de Hitler a Paris, Trótski é assassinado no dia 20 de agosto em seu esconderijo no México por homens de Stálin, aliado de Hitler, por sua vez aliado dos japoneses. Todas as peças do quebra-cabeça de dimensões globais se juntam. E dez dias depois, em 30 de agosto, as tropas japonesas desembarcam em Tonkin. Ocupam Haiphong e Hanói. Os oficiais colocam seus sabres sobre as mesas baixas do hotel Metrópole e secam as reservas de conhaque. A Indochina é invadida. Sentado em sua cadeira de balanço diante do mar, Yersin espera que oficiais da Kampetaï venham se instalar ali e façam da grande casa quadrada seu Kommandantur de Nha Trang. Procurarão em vão por uma garrafa de conhaque.

Já são antigas as querelas entre Yersin e os japoneses.

em Hong Kong

O velho que fecha o caderno antigo se vê novamente em Hanói com suas roupas de explorador em seu retorno da terra dos sedang, o casaco de lona verde e as bandoleiras com os instrumentos. Yersin despede-se do padre Guerlach. Tem trinta e um anos. Desce em Saigon, lê o telegrama de Roux, que não revê desde sua conferência na Sociedade de Geografia. Os telegramas. Roux e Pasteur fulminam. E bombardeiam as autoridades com suas cartas. Os pasteurianos continuam considerando Yersin como um deles, reservado para a ciência. Enviaram mensageiros a Nha Trang, souberam que Yersin estava nas montanhas. A montanha, irrita-se Roux, que dá de ombros.

Como se o mar já não bastasse.

Estamos vinte anos antes da Primeira Guerra Mundial, mas a batalha científica já é política também e as alianças são as mesmas. Uma epidemia de peste desce na direção de Tonkin, chega em maio a Hong Kong. O grande terror com a foice em punho ergue-se no horizonte e logo é a hecatombe, o pânico entre os ingleses de Kowloon e os franceses de Haiphong, em todos os portos que mantêm ligações comerciais com a China.

Na época em que se andava a pé, a cavalo, em carros de boi com rodas que chiavam e em barcos a vela, a peste avançava na mesma cadência e ceifava à sua frente. Vinte e cinco milhões de mortos na Europa no século XIV. Os médicos de toga usavam máscaras brancas com longos bicos de pássaros, recheados de ervas aromáticas para filtrar os miasmas. O terror é proporcional à aceleração dos meios de transporte. A peste esperava o vapor, a eletricidade, a ferrovia e os grandes navios com casco de ferro. Diante do grande terror negro, não é mais a foice e seu assobio cortando as folhas, é a explosão da ceifadeira-debulhadora lançada com força máxima na plantação de trigo. Nenhuma terapia. A peste é imprevisível e mortal, contagiosa e irracional. Semeia a feiura e a morte, espalha pelo mundo o líquido negro ou amarelo das pústulas que surgem no corpo. A descrição médica de então está no tratado das doenças infecciosas do professor Griesinger da Universidade de Berlim, que cita Mollaret, publicado uma quinzena de anos antes, e que menciona que a peste ocorre em "populações miseráveis, ignorantes, sujas, bárbaras no grau mais incrível".

Em Saigon, Yersin pega emprestado um pouco de material médico e coloca com cuidado em um baú, tubos de ensaio, lâminas de vidro e uma autoclave para esterilizá-los. Volta a Hanói e encontra o doutor Lefèvre, médico da Missão Pavie, que acompanhará o explorador do Laos até Muang Sing para delimitar a fronteira chinesa. Lefèvre é um político, e não esconde dele, caro colega, que o jogo com os ingleses não será fácil. De Bombaim até Hong Kong, o Raj britânico seria um imenso território ininterrupto se não existisse esse insuportável espinho da Indochina francesa. Por essa razão, os ingleses apelam para os médicos japoneses, ou seja, para os alemães, jogam o Instituto Koch contra o Instituto Pasteur.

No entanto, um italiano francófilo, acrescenta Lefèvre, o padre Vigano, um honorável correspondente, um ex-oficial de artilharia condecorado na batalha de Solferino antes de tomar ordens, um espião católico entre os protestantes, sorri Lefèvre, está prestes a salvar a ação da Terceira República em homenagem ao fato de o Segundo Império ter unificado a Itália. Para Yersin, tudo isso é mais estranho do que o caminho dos moï. A Suíça e o carcamano foram chamados a serviço da França. Yersin desembarca em Hong Kong no meio de junho e vai ao hospital de Kennedy Town dirigido pelo doutor Lawson.

Desde sua chegada ao porto, sob uma chuva torrencial, viu cadáveres de pestilentos nas ruas e nas poças d'água, no meio dos jardins, a bordo dos barcos atracados. Os soldados britânicos levam os doentes à força e esvaziam suas casas, empilham tudo e ateiam fogo, jogam cal e ácido sulfúrico, erguem muros de tijolos vermelhos para proibir o acesso aos bairros infectados. Yersin tira fotos, escreve à noite suas primeiras impressões do inferno sob o céu cinza e os aguaceiros diluvianos. Os hospitais inundados são inutilmente invadidos. Lawson abre por todo lado leprosários que são morredouros, numa antiga vidraria e no novo abatedouro em construção, cabanas são requisitadas. Jogam-se esteiras pelo chão que depois serão queimadas junto com seus ocupantes. A morte acontece em poucos dias. Sob as cortinas de chuva quente e as borrascas, passam devagar charretes carregadas de cadáveres empilhados. "Noto muitos ratos mortos espalhados pelo chão." A nota rabiscada por Yersin logo na primeira noite registra os esgotos e os ratos em decomposição. Desde Camus parece evidente, mas não era. Eis o que Camus deve a Yersin quando escreve seu romance, exatamente quatro anos depois da morte deste.

Por telegrama, e com uma circunspecção diplomática, o governador inglês, *sir* Robinson, autorizou Yersin a estudar a peste em Hong Kong. Mas a má vontade dos ingleses é evidente, e tudo é ainda pior com os japoneses, a equipe de Shibasaburo Kitasato, que quer exclusividade para fazer autópsias. Kitasato e seu assistente Aoyama seguiram o curso de Koch. Kitasato e Yersin chegaram à Alemanha no mesmo ano, Yersin em Marburg e Kitasato em Berlim, onde ficou sete anos com o descobridor do bacilo da tuberculose. Quando o doutor Lawson apresenta-lhe Yersin, que se dirige a eles em alemão, acham graça e não respondem: "Parece que desde que estive na Alemanha esqueci um pouco a língua, porque em vez de me responder, ficaram rindo entre eles".

Kitasato não pode ignorar o nome de Yersin e sua descoberta junto com Roux da toxina diftérica. Ele compartilha com o grão-lama Koch uma completa hostilidade com relação a Pasteur e seus Institutos. Nessa competição, é preciso entender também que agora todos sabem do que se trata. Vão descobrir o micróbio da peste, caso seja um micróbio que a causa. Ele não pode mais escapar. E nunca mais haverá na história da humanidade a possibilidade de vencer a peste. Algumas semanas a mais de devastação e serão milhares de cadáveres a mais para estudar. A única chance do micróbio seria uma parada brutal e misteriosa da epidemia. Yersin e Kitasato sabem que devem a Koch e a Pasteur o fato de estarem ali, os dois gênios absolutos que foram como Galileu. Sabem que são anões sobre os ombros dos dois gigantes. Kitasato tem a vantagem do terreno. Nenhum cadáver será posto à disposição de Yersin.

Este poderia dar-se por vencido e voltar ao mar. O padre Vigano é um adepto de trapaças vaticanas, que normalmente um austero protestante de Vaud condenaria. Em dois dias, manda construir para Yersin uma cabana de bambu coberta de palha perto do Alice Memorial Hospital. Ali Yersin estabelece sua casa e seu laboratório, instala uma cama de campanha, abre o baú, arruma o microscópio e os tubos de ensaio. Vigano molha a mão dos marinheiros ingleses responsáveis pelo necrotério do hospital onde estão empilhados os mortos à espera do açougueiro ou do cemitério e compra alguns deles. Yersin trabalha com o bisturi. "Já estão em seus caixões e cobertos de cal. Tiro um pouco da cal para descobrir a região femoral." Yersin reencontra a alegria que sentia em Paris com os tubos de ensaio, as pipas. "A pústula está bem evidente. Retiro-a em menos de um minuto e volto a meu laboratório. Faço rapidamente uma preparação e ponho no microscópio. Na primeira olhada, reconheço um verdadeiro purê de micróbios, todos parecidos. São pequenos bastonetes grossos, com extremidades arredondadas."

Tudo está dito. Não há necessidade de escrever um livro de memórias. Yersin é o primeiro homem a observar o bacilo da peste, como Pasteur foi o primeiro a observar o da pebrina do bicho-da-seda, do carbúnculo do carneiro, do cólera aviário e da raiva canina. Em uma semana, Yersin redige um artigo que será publicado em setembro nos *Anais do Instituto Pasteur*.

Kitasato, que trabalhava com os órgãos e o sangue, e negligenciava a pústula, descreve o pneumococo de uma infecção colateral que pensa ser o micróbio. Sem o acaso e a sorte, o gênio não é nada. O agnóstico Yersin é abençoado pelos deuses. Como mostrarão os estudos posteriores, Kitasato beneficia-se de um verdadeiro laboratório hospitalar e de uma estufa regulada na temperatura do corpo humano, temperatura na qual o pneumococo prolifera, enquanto o bacilo da peste desenvolve-se melhor em torno dos vinte e oito graus, temperatura média nesta época do ano em Saigon, e temperatura em que Yersin, sem estufa, faz suas observações.

Ao mesmo tempo que as envia a Paris, manda também seus resultados para Lawson, que se apressa em comunicá-los aos japoneses. Yersin reclama, mas não se faz de vítima. "Ele devia ter sido mais reservado. Foi ele que, depois de ver minhas preparações, aconselhou os japoneses a procurar o micróbio na pústula. Ele mesmo me garantiu, assim como outras pessoas, que o micróbio isolado antes pelos japoneses não parecia em nada com

o meu." Kitasato atribui a si mesmo a descoberta e lança a polêmica científica e política. Mas a prova será tirada e Yersin, que nunca conheceu o pai e que nunca será pai, vê ao menos ser-lhe atribuída a paternidade da descoberta validada:
Yersinia pestis.

Ele se fecha ainda por dois meses em sua cabana, debruça-se sobre ratos abertos, determina seu papel na propagação da epidemia. Seguindo o exemplo de Pasteur na região de Beauce, à procura do carbúnculo do carneiro, retira amostras de terra no bairro contaminado de Taypingshang e descreve-as para Calmette. "Você sabe que a procura de um micróbio no solo não é coisa fácil, e que, mesmo se não o encontramos, não se pode concluir que ele não está lá. Foi com essa convicção íntima de que não encontraria nada que comecei essa experiência." Prepara a terra preta diluída e a coloca em tubos com ágar e um fio de platina. "E veja só, imagine que, nos dois tubos, encontrei várias colônias de peste e nenhum outro micróbio estranho."

É como agente sanitário que os ingleses gostariam de tê-lo agora. Os japoneses partiram. Percebem que os muros de tijolo vermelho na entrada das ruas bloqueiam os chineses, mas deixam passar o bicho. Yersin, no entanto, decide deixar Hong Kong. Escreve ao governador-geral em Hanói. "Estimo que o objetivo de minha missão foi cumprido, pois consegui isolar o micróbio da peste, fazer os primeiros estudos sobre suas propriedades fisiológicas e enviar a Paris um material de trabalho suficiente." Em meados de agosto, despede-se no porto do bom monge-soldado Vigano, volta a Saigon para redigir seu relato da missão como o de uma exploração, devolve o material emprestado. Registra em um caderno suas conclusões: "A peste é, portanto, uma doença contagiosa e inoculável. É provável que os ratos sejam seu principal veículo, mas constatei também que as moscas pegam a doença".

Em dois meses em Hong Kong, tinha dado cabo da grande história da peste. Tem outra ideia. Sempre apressado, esse Yersin. Como se tivesse identificado o bacilo para agradar à turma dos pasteurianos, assim, zás-trás, agora tenho mais o que fazer, vocês que terminem o trabalho, compartilha tudo, sem esconder nada, para que se chegue mais rápido à vacina e envia para todo lado amostras de seu bacilo em frascos de vidro vedados, escreve para Calmette: "Tenho certeza de que com o senhor Roux vocês chegarão rapidamente a uma solução".

Acabaram para ele as explorações e as navegações. Quer estabelecer sua base em Nha Trang, criar carneiros ou plantar, a vida real, abraçar a realidade rugosa. Não retomará a vida monótona dos marinheiros, e não tem mais idade para a de explorador ou para os combates com Thuk. Reencontrou o gosto pela pesquisa, tubos de ensaio e microscópio, pipas. Para isso será necessário levantar fundos, mendigar um pouco, seu renome ajuda a conseguir dinheiro junto a autoridades. Para assustá-los talvez cite Molière e a réplica de La Flèche.

Que a peste leve a avareza e os avarentos.

em Nha Trang

Desde sua volta, dedica-se à instalação de um modesto centro de estudo de epizootias animais, concebe as construções e as criações. Uma missão governamental destina-lhe cinco mil piastras. Com isso equipa um pequeno laboratório de medicina veterinária. Pretende fazer as pesquisas sozinho e em seu ritmo. Começa perto da cabana de madeira da Ponta dos Pescadores, Xóm Côn, perto da areia e do farfalhar dos coqueiros diante do píer, onde de manhã os pescadores partem com o facão e evisceram à beira da água o interior magenta dos grandes peixes azuis.

Yersin não queria mais sair dali. Alimentar seus animais para experiências nas gaiolas de bambu, os ratos, as cobaias, os macacos e os coelhos. Falta espaço para os búfalos e outros bovinos. Está muito perto do mar. No período das chuvas de monções e das palmeiras desgrenhadas, a ponta fica às vezes inundada. Procura um lugar mais seguro para construir estábulos. Não há estradas para o interior. Em uma piroga, sobe o rio Cái, que ali deságua no mar, compra a uma dezena de quilômetros o antigo forte de Khánh Hòa, onde instala cerca de vinte cavalos e a mesma quantidade de bois e búfalos. Precisa de um veterinário.

Yersin contrata em Nha Trang filhos de pescadores que transformará em laboratoristas em seu pequeno estabelecimento. Com Calmette obtém o material e os vidros, desembarcados com cuidado do *Saigon* e levados à terra pelas canoas, assim como as revistas científicas e sua nova bicicleta Peugeot encomendada na França diretamente ao engenhoso artesão. De manhã, no terraço, desenha a planta baixa, à tarde supervisiona os trabalhos de construção do laboratório, à noite na cabana escreve seu livro, *Chez les moïs*, do qual imprimirá quinze exemplares à custa do autor. Yersin nunca procurou as homenagens, mas também não as rejeitou. Aconselhado por Calmette, recruta um veterinário militar vindo de Saigon, um certo Pesas, que logo entrará para o panteão de honra da microbiologia.

Yersin gostaria de morar ali, na Ponta dos Pescadores, diante da água cintilante da baía e dos renques de areca em que se retorce a trepadeira de bétele, dos coqueiros, das crianças, das redes que as mulheres consertam na praia e, à noite, do voo dos morcegos, longe da fúria das cidades epiléticas, no coração da vida real. Às vezes, à noite, lembra-se do capitão Flotte, a quem deve tudo isso, Nha Trang, as explorações e a fama. "Mesmo não dando importância às condecorações de maneira geral, estou contente de ter recebido a Legião de Honra, que vai me facilitar muito as coisas." Neste ponto também, como com a demografia e a esperança de vida, é conveniente proteger-se de todo anacronismo. Nessa época, jogadores de futebol não são condecorados.

Nesse ano, um jovem oficial de cavalaria, Hubert Lyautey, que acaba de passar dois anos na Argélia, onde fez algumas críticas ao sistema colonial, enfim, um herdeiro da turma dos saarianos e do capitão Rimbaud, visita o cientista Yersin em seu refúgio. Seu encontro na cabana de madeira é relatado por Noël Bernard, o primeiro biógrafo de Yersin. Os dois são feitos do mesmo barro.

Lyautey, que volta de uma missão em Madagascar, admira o espírito empreendedor do pasteuriano, descobridor do bacilo da peste, que poderia brilhar nos salões de Paris. Visita os estábulos e o pequeno laboratório à beira d'água. "Começou sem recursos naturalmente, mesmo assim conseguiu vinte cavalos a quinze piastras cada, além de animais para vacinar, associou-se a um veterinário, Pesas, que ele ensinou e incentivou — e que agora partiu. São horas de reconforto que passamos nesse estabelecimento, ainda tão rudimentar, com esse jovem cientista, sem necessidades pessoais, dominado apenas por sua obra."

Em Paris, faz já alguns meses que se instalou o caso Dreyfus. Assim como antigamente acusavam-se os judeus de propagar a peste, hoje suspeita-se que tenham fomentado a derrota e traído a França. Yersin lamenta a falta de informações. "Você pergunta minha opinião sobre o caso Dreyfus, mas não tenho opinião pois ninguém sabe os detalhes do processo. Se os generais não quiseram divulgá-los, talvez seja porque a divulgação traria graves inconvenientes." Lyautey é daqueles que de imediato acreditam na inocência do capitão. Arriscou-se a exprimir por escrito suas dúvidas sobre o julgamento do tribunal militar. "O que nos deixa mais céticos é discernir ali uma pressão da dita opinião ou mesmo da rua, da turba." Há ainda, para os dois, a repugnância pela opinião pública e pelo vulgar, pela malta. "Gritam violentamente contra esse judeu porque ele é judeu e hoje o antissemitismo está em vantagem." Mas é um gay defendendo um judeuzinho. O cego e o paralítico. Isso lhe custará um *coming out* involuntário e a frase de Clemenceau, também defensor de Dreyfus, fingindo admirar a coragem de Lyautey. "Eis um homem admirável, corajoso, que sempre teve colhões no cu, mesmo quando não eram os seus." A vida política francesa ainda era das mais viris, e os discursos na Câmara às vezes acabavam em duelos ao amanhecer. Yersin sabe que, faça o que fizer, não será fácil ficar longe de toda essa sujeira da política.

em Madagascar

A vida não vale a pena sem movimento.

Tinha vinte e seis anos quando escrevia, de Paris, essa frase rimbaudiana, com direito a um alexandrino, no fim de uma carta para Fanny. Movimentou-se bastante. Tem trinta e dois anos. Mais uma vez entregam-lhe um telegrama na escala do *Saigon*, e Yersin, que desdobra o papel na cabana de madeira, talvez comece a maldizer a invenção. Pedem-lhe que "parta assim que possível para Diego Suarez, para estudar o micróbio das febres biliosas". É enviado em missão pela República, deixa Nha Trang e vai a Saigon de vapor.

Sua condição financeira melhorou. Usa um terno branco bem cortado, leva com ele um jovem, cujas funções são claras, mas é difícil determinar o nome que convém dar a ele, laboratorista, secretário ou assistente. De agora em diante, Yersin, em todas as viagens, irá acompanhado, um de cada vez, daqueles que chama de meus servidores anamitas, a turma de Yersin, filhos de pescadores que transformou em preparadores, mas também em mecânicos para as máquinas e para automóveis.

Na frente do Arsenal, os dois embarcam na primeira classe para Aden na linha da companhia Messageries.

Desta vez, Yersin desembarca no Iêmen. O cônsul da França transmite-lhe as instruções do ministério na chegada. Descobre o infernal caldeirão à beira do deserto, o sol vitrificador do Rub al-Khali e a Arábia pétrea: "O entorno é um deserto de areia totalmente árido. Mas aqui as bordas da cratera impedem o ar de entrar, e nós assamos no fundo deste buraco como em um forno de cal". É recebido entre os brancos de terno branco como uma celebridade, um herói da modernidade. Convidam-no para o terraço do Grande Hotel do Universo, em Steamer Point, perto da casa do comerciante Bardey, onde enriqueceu o poeta morto quatro anos antes e cuja lenda corre ainda por aqui, os oito quilos de ouro em seu cinto que deformavam seu jeito de andar. Yersin nunca será tão rico quanto Rimbaud.

Depois da Arábia vem a África, e os dois relaxam. O servidor, imagina-se, não está decepcionado com a viagem. Fix e Phileas Fogg. Muito *posh*. Yersin chega ao Egito e segue para ver as pirâmides e os templos, sobe as águas verdes do Nilo numa faluca, sabe que Livingstone morreu em Tanganika procurando ali sua nascente. Embarca para Zanzibar e depois para a Reunião, onde fica algum tempo, informa-se sobre a agricultura, as flores e a canela, e ali estão os versos de Baudelaire sob a tutela invisível de um anjo. O menino deserdado embriaga-se de sol. É a lenta descida pelo oceano Índico, a linha do equador, o navio desliza sobre o ouro e as ondas, o canal de Moçambique e as Comores, Madagascar. Depois de três meses de errância, os dois instalam-se em Nossi-Bé. Ficam na ilha, "em vez de ir a Majunga, porque tanto em Majunga como em Nossi-Bé há febre biliosa, e Nossi-Bé é infinitamente mais agradável para se morar". Yersin ama estar à beira do mar.

Sentado em uma cadeira de balanço numa varanda, sacia-se com um copo de água fresca filtrada no Chamberland ou então com uma limonada, nesse país sem inverno e sem verão, de primavera e vegetação perenes e existência livre e gratuita. Está convencido de que se desloca por nada, mas obtempera, percorre um pouco o país, colhe amostras, prepara o microscópio e as seringas, estuda a vegetação e a arboricultura, descobre árvores singulares e frutas saborosas. Pela primeira vez está diante de uma seringueira.

Yersin rola entre suas mãos uma bola colante de látex, atravessa-a com o dedo, estica-a e modela uma coroa: um pneu para sua bicicleta Peugeot. Admira a intuição e a inteligência do inventor do pneu. Suspeita que o nome Dunlop ficará mais presente na memória dos homens do que aquele do descobridor do bacilo da peste. Porque a peste vai desaparecer e o pneu vai proliferar. Talvez não imagine, no entanto, que em um século as máquinas com pneus, as bicicletas e depois os carros, as motos, os caminhões e os aviões provocarão tantas mortes violentas quanto o grande terror negro.

Sua missão em Madagascar é mais política do que científica e Yersin não é tolo. É a grande história da colonização. É a imagem da França que deve ser disseminada, como Lyautey será enviado para espalhá-la no Marrocos. Nas delegacias, alternam-se o durão e o gentil. Se a presença de Yersin não bastar para convencer os malgaches, enviarão Gallieni.

E como os malgaches não colaboram, enviam Gallieni.

a vacina

Yersin, por sua vez, é chamado no verão. Passaram-se cinco anos desde que deixou Paris. Um ano depois de sua temporada em Hong Kong e sua famosa descoberta. O governo da República pede-lhe que venha ao Instituto Pasteur ocupar-se de seu maldito bacilo. As autoridades começam a ter pesadelos noturnos com a peste adormecida em frascos de vidro no coração de Paris. Pois há um ano cultivam e mimam o maldito bacilo e não fazem nenhum avanço. Andam em círculos, na verdade. Por que continuar a criar em vidros frágeis gerações dessa bomba bacteriológica suscetível — mau jeito de um laboratorista, ato de um desequilibrado, de um pesquisador mal-humorado ou corno, de um comando terrorista japonês ou alemão — de espalhar a praga, de ressuscitar no décimo quinto *arrondissement* o grande terror negro e exterminar a população da capital?

Yersin instala-se no Instituto, pois o Lutetia ainda não foi construído. O que esperam os Boucicaut? "Fico novamente no Instituto Pasteur. Estou feliz porque isso me permitirá fazer meu trabalho com mais facilidade, e também estou tão habituado a esse lugar!" Põe-se a trabalhar com Roux e Calmette, promete a Fanny ir visitá-la na Casa das Figueiras um dia desses.

Chamam o domador, e eis que na rua Dutot ele encontra sua fera anêmica, à beira da depressão, sentada de pijama o dia inteiro, com a barba malfeita e fumando um cigarro atrás do outro. "Preciso dar virulência a meu micróbio, que foi um pouco negligenciado na minha ausência. Depois semearei um grande número de balões de cultura para preparar a toxina. Enquanto ela estiver crescendo na estufa pretendo dar um pulo em Morges." A sala florida não poderá acolher toda a imprensa. O renome de Yersin é agora mundial.

Faz calor dentro de uma galinha, como todo mundo sabe. Quarenta e dois graus. Mais quente do que dentro de um carneiro coberto com sua lã.

Pasteur foi o primeiro, enfiando termômetros em cloacas e ânus, a constatar que as temperaturas elevadas de alguns pássaros não deixam os vírus se desenvolverem. Inocula-se o carbúnculo de carneiro em uma galinha: ela nem liga e acha engraçado. Só faz cócegas. Mergulham-na em uma banheira de água fria: ela não se sai tão bem e morre do carbúnculo. Se a galinha molhada consegue sair a tempo, pega a doença, mas cura-se sozinha, bate as asas para se reaquecer, desdenhando do laboratorista. Yersin foca no pombo.

O pombo é uma espécie de rato do céu, um rato em que parafusaram asas antes que o pintassem de cinza. Doméstico, passa a maior parte do tempo no solo e manca com frequência, claudicante com seus tocos, um tipo de leproso sem muletas. Entre as duas criaturas, no entanto, uma notável diferença: o pássaro, ao contrário do roedor, é naturalmente imunizado contra a peste.

Yersin leva para a rua Dutot todo o zoológico, dos pequenos aos grandes. De Molière passa a La Fontaine, aos animais doentes com peste e ao conto dos irmãos Grimm, aos animais músicos de Bremen, do asno ao galo. Tenta atenuar a força do vírus a fim de obter, de um lado, uma vacina, e de outro, um soro antipestilento. Em dois meses e com ar de quem não faz grande coisa—bastaria filmá-lo em ritmo acelerado em sua bancada—, ele manipula, faz amostras, esquenta, vai mijar, lava as mãos, injeta, escreve em seus cadernos. Metido em seu avental, Yersin se atarefa, os animais levados ao laboratório são cada vez maiores, mas isso de nada lhes serve, levam seringas cada vez maiores. O chicote do domador estala no meio da pista e cada fera sobe em seu tamborete para a injeção, virando o traseiro.

A cada etapa, o rufar das caixas e a vibração dos pratos da orquestra: Yersin imuniza o rato! Yersin imuniza a cobaia! Yersin imuniza o coelho! Yersin imuniza o cavalo! Yersin não tem um elefante à mão. Por fim, dá um tapa nas ancas do cavalo, podem levar, e ele pega uma caneta, tira a tampa, redige com Calmette um artigo para os *Anais do Instituto Pasteur*, "A peste bubônica, segunda nota": "Essas experiências com a soroterapia merecem ser continuadas. Se esses resultados com os animais continuarem a ser satisfatórios, seria o caso de tentar aplicar o mesmo método na prevenção e tratamento da peste no homem". Repõe a tampa da caneta, tira o avental, estende a folha a Roux e pronto, anuncia sua partida, deixa a louça por lavar. A vacina contra a peste é apresentada por Roux ao velho Pasteur de sobrecasaca preta e gravata-borboleta, já impotente, e os dois, erguendo os olhos do microscópio, sabem que fizeram o certo, que se Yersin lhes pedisse uma carta de recomendação para construir um foguete lunar, pediriam a caneta emprestada, tirariam a tampa e pronto.

Yersin já está impaciente para voltar ao mar, mas multiplica as providências junto ao Ministério dos Assuntos Estrangeiros e ao das Colônias, junto à Sociedade de Geografia. Quer montar em Nha Trang um laboratório capaz de preparar o soro em grande quantidade, continuar suas experiências no macaco antes de passar para o homem. "Invejam-me um pouco, o que me é superlativamente indiferente."

No começo de agosto, está a bordo do *Melbourne* que segue para a Ásia a dezesseis nós. Yersin registra o recorde em um caderno. Durante essa travessia de Marselha a Saigon, supervisiona os frascos de bacilos guardados na farmácia de seu colega da companhia Messageries. Em Paris, os ministros dormem como bebês, encontraram o remédio que funciona. Pasteur morre em setembro. Organizam funerais nacionais. Sua alegria é deixar o Instituto nas mãos da sua turma, desses jovens que, há anos, são seus olhos, seus braços e suas pernas, e continuarão depois dele a grande obra. Roux e Calmette seguirão à frente durante quase quarenta anos.

Yersin leva também um novo equipamento fotográfico, a câmera estereoscópica, um engenhoso sistema que permite fotografar uma imagem simultaneamente de perspectivas diferentes e dar a ela a ilusão de relevo. Tira fotos a cada escala. Quando voltar, publicará um artigo sobre esse assunto na *Revue Indochinoise Illustrée*, publicada em Hanói.

Em Colombo, compra um casal de mangustos.

em Cantão

Antes que os chineses, que acham que podem tudo, se permitissem dar nomes chineses a suas cidades e até a sua capital, qualquer pato[4] podia se sentir em casa por lá sem sequer abrir o atlas. Foi em Guangzhou que Yersin desembarcou.

Era uma cidade que já tinha cerca de dois milhões de habitantes. A epidemia de peste acabara de matar cento e cinquenta mil. Yersin traz consigo a vacina de Paris e a dos cavalos de Nha Trang preparada pelo veterinário Pesas. Pretende aplicar o remédio de cavalo nos chineses, procura seu Joseph Meister, encontra o cônsul da França em Cantão ou Guangzhou. Não esconde que a inocuidade de sua vacina só foi testada em cavalos.

O cônsul coça a cabeça. Os chineses, veja bem, não têm memória curta, explica-lhe. Mesmo depois de trinta e cinco anos do saque do palácio de verão pela França e pela Inglaterra, trinta e cinco anos depois que as duas

---

4. No original: qualquer *pékin*, "civil" ou "pato" em francês, fazendo referência ao nome da capital Pequim. (N. T.)

nações ganharam a segunda guerra do ópio e obrigaram a China a abrir seus portos para o comércio das fumarias, os franceses, assim como os ingleses, são apenas tolerados e confinados em bairros reservados. Seria de mau gosto que um "nariz-grande" viesse aqui praticar a eutanásia em alguns doentes. O cônsul coça a cabeça. Felicita Yersin por sua descoberta e sua notoriedade, que chegou até ali, mas previne-o de que corre o risco de fracassar, ou lembra-o, nessa linguagem diplomática antiquada, que entre a rocha Tarpeia e o Capitólio há apenas um passo.

Yersin, se fosse católico, seria feito santo, seria canonizado imediatamente como aquele que venceu a peste, pelo modo como a história parece ter inspiração sobrenatural.

Ela apoia-se, entretanto, em três testemunhos concordantes e independentes. O do próprio Yersin, conservado no Instituto Pasteur, o do bispo, provavelmente nos arquivos da Santa Sé, e o do cônsul, nos arquivos do Quai d'Orsay. O diplomata envia seu relatório nos dias seguintes: "Na sexta-feira, 26 de junho, por volta das onze horas, recebi a visita do doutor Yersin, que me explicou o objetivo de sua missão e me perguntou se eu achava que ele poderia entrar nos hospitais chineses de pestilentos e experimentar ali o uso do soro curativo que descobrira. Não escondi do doutor que seria impossível para mim autorizá-lo a tentar aqui as experiências a que gostaria de se dedicar, experiências que a hostilidade da população cantonesa contra tudo o que é europeu podia tornar muito perigosas para os funcionários locais. Propus ao doutor que, antes de deixar Cantão, fosse comigo à missão católica".

Os dois foram recebidos ali por monsenhor Chausse, que ia justamente chamar um médico. Está preocupado com o estado de saúde de um jovem seminarista de dezoito anos, Tisé, que se queixa há alguns dias de dores de cabeça e de uma violenta dor na virilha. Naquela manhã a febre apareceu e o jovem estava acamado. Isso preocupa o monsenhor, que não tem tantos convertidos assim e Deus ainda leva um dos poucos, vá entender. Acabaram de lhe dar a extrema-unção. Convenceram o jovem chinês de que, como há séculos os jesuítas evangelizam por essas paragens, já houve tempo suficiente para uma *chinatown* instalar-se no jardim do Eden, onde as placas das casas de chá são bilíngues, mandarim-latim. Rezam à sua cabeceira. Esperam que cresçam nele perfeitas asas brancas.

Yersin: "Monsenhor Chausse me levou para vê-lo por volta das três horas da tarde: o jovem chinês estava sonolento, não podia ficar em pé sem tonturas, sente um cansaço extremo, a febre é forte, a língua, saburrosa. Na virilha direita, há uma parte endurecida e muito dolorosa ao toque. Temos diante de nós um caso confirmado de peste, e a violência dos primeiros sintomas pode classificá-lo entre os casos mais graves".

O cônsul: "Não me oponho a que a inoculação do soro antipestilento seja feita, com a condição de que a operação não seja feita na presença dos chineses e que os detalhes sejam mantidos em segredo até o restabelecimento completo do doente. De maneira que possamos evitar os problemas que poderiam surgir em caso de fracasso".

Yersin: "Às cinco, seis horas depois do começo da doença, aplico uma injeção de 10 cc de soro. Nesse momento, o doente apresenta vômitos, delírios, sinais alarmantes que mostram o desenvolvimento rápido da infecção. Às seis e às nove horas da noite, novas injeções de 10 cc cada uma. Das nove da noite à meia-noite, nenhuma mudança no estado do doente, que continua sonolento, agita-se e queixa-se com frequência. A febre continua alta e ele tem um pouco de diarreia. A partir de meia-noite, o doente fica mais calmo e às seis da manhã, na hora em que o padre diretor vem saber das notícias do pestilento, ele acorda e diz que se sente curado. A febre, de fato, baixou totalmente. O cansaço e os outros sintomas graves desapareceram. A região da virilha não está mais dolorida ao toque e o endurecimento quase desapareceu. A cura é tão rápida que, se tantas pessoas não tivessem visto o paciente na véspera, eu duvidaria de ter tratado de um verdadeiro caso de peste. Dá para entender que essa noite passada junto com meu primeiro pestilento foi para mim carregada de ansiedade. Mas pela manhã, quando com o dia veio também o sucesso, tudo foi esquecido, até mesmo o cansaço". Yersin é o primeiro médico a salvar um pestilento.

O cônsul e o bispo apressam-se a atestar cada um de seu lado a cura extraordinária. Quase milagrosa, resmunga o bispo, cuja palavra é digna de fé. Os caminhos do Senhor às vezes são tão obscuros que um herege suíço ressuscita um devoto chinês. No entanto, não haverá santo Yersin, de unha ou patela transformadas em relíquias e levadas a Morges em procissão por peregrinos de joelhos. Claro que gostaríamos de saber o que aconteceu com o jovem, ter notícias suas, escrever uma *Vida de Tisé*, o primeiro homem salvo da peste. Ele se tornou monge católico? Será que, como Joseph Meister, suicidou-se durante a invasão japonesa? Não saberemos mais nada. O cônsul aconselha Yersin a deixar Cantão e ir para Amoy, agora Guangzhou, e Xiamen, este último um modesto porto dotado de um leprosário para os marinheiros, em frente a Formosa, agora Taiwan. Dos marinheiros ninguém quer saber. São quase fantasmas. Conhecemos a frase de Platão.

A velhice dos navios, assim como a dos homens, é uma lenta decadência. Yersin, entusiasmado com suas vacinações, e que não gasta, como nós, tempo consultando os arquivos marítimos, embora sejam românticos e recheados de coincidências, não repara, provavelmente, num dos cais desse porto de Xiamen, a velha carcaça do *Volga*, o bravo navio que o levara com uma regularidade pendular de Saigon a Manila, desmontado e vendido naquele ano como ferro-velho para a China Merchants Co. para acabar aqui como um pontão.

O *Saigon*, por sua vez, a cujo passadiço agarrava-se o bom capitão Flotte no fim da vida, encalhou nesse mesmo ano, empurrado por um tufão, nas areias da ilha de Poulo Condor. Yersin não sofre de nostalgias marítimas. Inocula, em alguns dias, seu soro antipestilento totalmente moderno em vinte e três doentes, entre os quais apenas dois, tratados tarde demais, sucumbem apesar de tudo. Depois, vai a Macau, entre os portugueses, para esnobar os ingleses. Sabe que a notícia de suas vacinações vitoriosas atravessará a baía.

Que chamem Kitasato, amigo deles, que ainda não fez nada.

em Bombaim

Assim que retorna a Nha Trang, Yersin pede a Pesas que acelere a produção da vacina, e Pesas, determinado, promete acelerar. Então Yersin embarca para Marselha e vai colher seus louros. Chega a Paris em novembro, acompanhado de seu preparador, encontra Roux e Calmette, e os quatro vão prestar homenagens diante dos despojos de Louis Pasteur, depositados, desde os funerais nacionais, no fundo de uma cripta de Notre-Dame, esperando a preparação da cripta no Instituto. É no *Boletim da Academia de Medicina* que Yersin, em algumas páginas, põe seu ponto-final na grande história da peste. Dariam-lhe o Nobel se o Nobel existisse. O primeiro será concedido em cinco anos. Ainda não se sabe. Alfred Nobel morre em dezembro, e isso está em seu testamento.

    Depois de um mês no mar, três semanas na terra e eles já estão de volta ao cais de Marselha. A vida a cem por hora, o turbilhão. Phileas Fogg e seu Fix, os olhos fixos no relógio dos trens e dos barcos, correndo nas escadas dos navios e pulando no estribo dos vagões. E admiram-se que o velho Jules Verne, autor de uma

Vida de Livingstone, não dedique um romance às aventuras trepidantes e rocambolescas de Yersin, não o pinte como um herói positivo que poderia colaborar com o desenvolvimento moral de jovens leitores. Na escala de Colombo, uma delegação inglesa, em lombo de elefante talvez, vem ao porto acompanhada do marajá local. Um major sobe a bordo do *Melbourne* e pede para encontrar Yersin. Há peste em Bombaim.

Yersin não tem em sua cabine nem soro nem animais para fazer a vacina. Esperem um pouco, já vou. Quando desembarca em Nha Trang, vinte e quatro jumentos haviam morrido com carbúnculo. Yersin pede a Pesas que se apresse com o restante da tropa. "Desde minha chegada, fizemos uma sangria nos dois jumentos que me pareciam mais imunizados. Se o soro estiver bom, farei grandes sangrias e partirei em seguida para a Índia."

Em seguida quer dizer em algumas semanas, pois há um barco por mês. Produz o soro até fevereiro. Yersin leva em suas bagagens centenas de doses, quando precisaria de dezenas de milhares. Enquanto isso, Pesas continua acelerando, um pouco demais talvez. Como em todos os trabalhos de precisão, o risco é a rotina. Ele está em todos os lugares ao mesmo tempo, corre loucamente do laboratório para o zoológico. Os macacos querem aparecer, os jumentos são caprichosos e com um coice derrubam os baldes, os mangustos pisoteiam suas manjedouras e as derrubam. Yersin está no mar e Pesas é vítima de um acidente de laboratório.

É no escritório da companhia Messageries Maritimes de Colombo que chega o telegrama anunciando a morte de Pesas por contaminação. Yersin já está na estrada para Tamil Nadu, chega a Madras, atravessa de trem o subcontinente rumo a Bombaim. Em março, estabelece-se no consulado da França e vacina a comunidade francesa, cura a filha do diretor da Casa Bancária já atingida pela doença. É com os ingleses que os problemas começam.

Bombaim é um grande porto com oitocentos mil habitantes em que o comércio com Londres é de importância vital. Por todo o planeta, os impérios coloniais lutam por suas fronteiras e suas tropas estão frente a frente. É o *Great Game* que descreve Connolly. Um ano antes, em Muang Sing, os franceses obrigaram os ingleses a deixar o norte do Laos e a atravessar o Mekong para oeste. Em um ano, estes terão sua revanche em Fachoda, e os franceses deverão deixar as margens do Nilo. Loti ainda não escreveu *L'Inde sans les anglais*. A ideia não desagradaria a Yersin.

Por todo lado, as missões médicas debruçam-se sobre os pestilentos indianos: médicos russos, austríacos, alemães, egípcios, ingleses e italianos, todos chegaram antes de Yersin. Roubam-se moribundos e segredos médicos numa atmosfera de complô e de imperícia. As ações das autoridades sanitárias são ainda mais difíceis e combatidas do que eram em Hong Kong pelos chineses. As populações locais recusam-se a ir aos hospitais e leprosários que não respeitem o sistema de castas. Apesar de os roedores pululam, a desratização contradiz o princípio budista do respeito à vida. Até entre pasteurianos surge a controvérsia chamada de "a linfa Haffkine".
Este, que sucedera Yersin no curso de microbiologia, acaba de deixar o Instituto e de abrir seu próprio laboratório em Calcutá, onde produz a linfa que acusam de ter terríveis efeitos colaterais. Enviam de Paris o doutor Bonneau. O inspetor-geral da medicina colonial e seus assistentes inspetores fazem uma investigação. É a turma de Bonneau que vai resolver as disputas da turma de Pasteur. O inspetor-geral redige seu relatório: "Mesmo convencido da possibilidade de vacinar o homem contra a peste com a ajuda de culturas aquecidas, reprovamos o procedimento de Haffkine por ser demasiado sumário e rápido para que se confira uma imunidade real, e os perigos que ele apresenta, comparados a suas vantagens, são mais do que suficientes para que seja condenado".
Quanto a Yersin, a confusão é tamanha que sua ação

é totalmente impedida pelos traiçoeiros ingleses: "O doutor Yersin teve nesse caso muitas dificuldades. Às voltas com doentes em hospitais dirigidos por médicos ingleses, não tinha a liberdade de ação necessária: injeções de iodo eram aplicadas nos bubões, prescreviam-se estricnina, beladona, estrofantina, todos medicamentos inúteis, se não perigosos, de tal modo que a estatística estabelecida nesses casos não terá o valor que teria se não houvesse interferência". Yersin estava exausto dessas brigas, sabia que era preciso abstrair, fugir, alcançar seu Levante ou seu Harrar.

Está cansado de Bombaim e dos ingleses. É recíproco. Os ingleses não suportam esses jovens franceses que nem são franceses, um suíço como Yersin e um ucraniano como Haffkine, e que logo contraíram em Paris o que há de mais execrável para os ingleses entre os franceses, essa audácia de dar lições a todo mundo e até aos ingleses, essa atitude imperial ou pasteurial. Yersin deixou Bombaim para fugir da comunidade médica. Está sozinho em Mandvi, ao norte no Gujarat, na península de Kutch, onde a epidemia mata cem pessoas por dia. Rapidamente fica sem soro e decide que já basta. Escreve a Calmette dizendo que vai embora. Já tem a merecida reputação de urso e de importuno. Na estação ferroviária, talvez compre os dois volumes de *O livro da selva* que Kipling acabara de publicar. Este logo receberá o Nobel que Yersin não ganhará jamais. Agora a peste chegou a Suez.

O Instituto Pasteur manda a Bombaim Paul-Louis Simond para substituí-lo. Calmette previne-o por escrito: "O bravo Yersin é realmente muito selvagem. Sua atitude em Bombaim desagradou muito, e temo que você tenha alguma dificuldade para consertar a impressão desagradável que ele deixou". Simond é de fato acolhido com frieza, e a imagem dos pasteurianos deixada por Yersin e Haffkine é um pouco aquela de um bando de jovens pretensiosos, arrogantes e seguros de si, que se contentam em dar de ombros sem responder quando recebem um conselho. Simond queixa-se a Paris e Calmette responde-lhe que, "no que diz respeito a Yersin, não fico surpreso com o que você me diz. Com seu temperamento selvagem, deve ter cometido muitos erros no que concerne aos colegas ingleses". Simond levará um ano inteiro para aparar as arestas. Será finalmente aceito quando descobrir que a pulga é o vetor da epidemia.

Em Nha Trang, Yersin lê o relatório. Sacode a cabeça, pensou no rato e se esqueceu da pulga. A pulga é um inseto pterigoto, como seu pai provavelmente já sabia. A experiência de Simond é simples, consiste em fechar em uma gaiola de arame um rato infestado e cercá-la com outras gaiolas de arame contendo ratos novos, como se chamam os animais de criação nos laboratórios. Logo Yersin, bom perdedor, cumprimenta Simond por ter definido com esse codicilo a etiologia da doença.

Movimentou-se bastante também, esse Simond. Yersin pergunta-se onde poderia estar hoje seu velho amigo. Estamos no início de 41. Yersin tem agora setenta e oito anos.

As comunicações entre a Europa e a Indochina são quase impossíveis, ou aleatórias, submetidas à censura da ocupação japonesa aqui e da alemã lá. Faz cerca de um ano que desceu da baleiazinha branca, em sua ociosidade forçada imagina seus velhos amigos no triturador da guerra. Na grande casa quadrada de Nha Trang, ouve a rádio francesa e decifra a ideologia do vichysmo, ouve a rádio inglesa e passa a admirar os ingleses que resistem. A rádio alemã ainda se vangloria do pacto Molotov-Ribbentrop, a conivência do nazismo e do stalinismo, e então de repente as divisões Panzer invadem em junho a União Soviética. Yersin não se ilude, talvez diga para si mesmo que a guerra é para a política o que o sexo é para o amor, e que é preciso de tempos em tempos fazer isso. Valia a pena viver assim, tão velho?

Valiam a pena todos esses progressos de que fora arauto? Trancados em Los Alamos, os físicos já estão inventando as armas atômicas. Por todo lado as descobertas dos pasteurianos servem para fabricar armas bacteriológicas. Numa rádio suíça, fica sabendo da morte em Zurique, em janeiro passado, do escritor irlandês que era seu vizinho no Lutetia, o tal Joyce, convencido de que a guerra mundial era uma grande conspiração contra a publicação do *Finnegans Wake* que acabara enfim de escrever. Tudo isso chega a ele de maneira desordenada e confusa. O exército tailandês, aliado dos japoneses, invade o Camboja e o Laos, destrói o aeródromo francês de Angkor, onde fazia escala a baleiazinha branca da Air France. Fica sabendo por uma correspondência do governador-geral em Hanói, o almirante Decoux, da morte de Loir, o sobrinho de Pasteur, lembra-se do tempo em que a turma ainda estava na rua Vaquelin, antes da partida de Loir para a Austrália. Pelas últimas notícias ele estava no Havre. Não é bom morar em portos durante os conflitos. O que Yersin saberá do Gulag e de Treblinka, sentado sozinho, à noite, na frente de seu rádio?

Sabe que os judeus em Paris usam uma estrela amarela. Faz muito tempo que não tem contato com seu antigo colega Sternberg. Será ele um velho médico aposentado em Marburg, que escapa à proibição de exercer a profissão porque não a exerce mais? Tem de sair da calçada quando cruza com arianos pela rua? Lembra-se de suas esperanças e de suas conversas sobre a peste. Quem quer afogar seu cachorro acusa-o de ter raiva. Sabe que na entrada da praça Boucicaut, junto ao Lutetia, colocaram a placa "Parque para jogos. Reservado para crianças. Proibido para judeus". Depois de Pearl Harbor, em dezembro, começa a guerra no Pacífico, e os americanos dirigem sua armada para as Filipinas. Os meses se passam e as notícias são sempre ruins. É 42. Exilado no Brasil, Zweig, que como ele passa suas noites em frente ao rádio, suicida-se em Petrópolis diante do anúncio da queda de Cingapura, porque agora tudo está perdido. Yersin tem setenta e nove anos.

O almirante Decoux, refugiado em Da Lat, aborrece-o novamente para que escreva a grande história da peste em Hong Kong, as primeiras vacinações na China. Sabe que gostariam de usá-lo para fins de propaganda, convertê-lo em soldado da guerra ideológica. Na Indochina sob ocupação japonesa, é uma boa ideia lembrar a vitória do Instituto Pasteur sobre o Instituto Koch, de Yersin sobre Kitasato, lembrar que não foi um cientista do Eixo que venceu o grande terror negro, que a inteligência está do lado dos Aliados.

Como releu seus cadernos, escreve suas memórias das expedições, sem muito cuidado. Publica nos jornais. Mais uma vez sabe que usam seu imenso prestígio, que é apenas um acaso genético, o de ser o último sobrevivente da turma de Pasteur. Alguns vietnamitas conspiram com as forças de ocupação para expulsar a França vencida. Diante dessa ingratidão dos viets, Vichy acha bom lembrá-los de todas essas estradas, ferrovias, estações de água, hospitais: quem fez tudo isso, foram os japas?

a vida real

Como todos nós, Yersin procura a felicidade.
A diferença é que ele a encontra.

Depois de Bombaim, basta. Que a peste leve os médicos. Yersin pretende aproveitar o privilégio de, aos trinta e cinco anos, poder se abster da política e da história. Escolheu a bela solidão propícia à pesquisa poética e científica. Está em plena forma. A barba negra e os olhos azuis. Afinal também não é vida mover-se o tempo todo. Agora são os deslocamentos constantes que o chateiam. Já teve sua dose. Já se encheu. Conhece o paraíso, Nha Trang, e não quer mais deixá-lo, quer embelezá-lo ainda mais, criar ali um Instituto Pasteur, acabar com o amadorismo e o artesanato que custaram a vida de Pesas.

Sentado em seu escritório numa poltrona de vime, diante de revistas científicas, Yersin estuda arquitetura e se torna construtor. Abandona a cabana de madeira da Ponta dos Pescadores, desenha uma casa que é um cubo de tijolos em três níveis, tendo em volta uma galeria a céu aberto sob arcadas de dois metros de largura. Embaixo a cozinha, no primeiro andar o quarto e no alto o escritório e a biblioteca onde se empilham as revistas científicas. A vista é circular, de uma beleza ininterrupta e prodigiosa. Os barcos de pesca, que à noite descem o rio e acendem suas lanternas na ponta das varas, ganham o mar. Ao amanhecer o vento os traz de volta. Desembarcam na praia peixes e camarões, perto do canteiro onde os carpinteiros constroem novos barcos. O perfume das flores e o cheiro da terra depois da chuva chegam ao escritório onde Yersin agora desenha casas para os veterinários e laboratoristas, paredes caiadas e madeiras pintadas de verde-claro, varandas e telhados de telhas marrons, no estilo das vilas balneárias normandas que viu em Cabourg.

Afastado da costa, ergue-se o prédio do Instituto, cinquenta metros de comprimento por dez de largura, com laboratórios, salões para a sangria dos animais, ao lado dos galpões de estabulação, onde bois e cavalos serão imunizados contra diversas infecções. O projeto tem o apoio de seu amigo Paul Doumer, ainda governador-geral, o órfão de Aurillac, o fundador de Da Lat. Yersin recruta laboratoristas e cavalariços, desenvolve a criação e a agricultura para alimentar o gado. "Estou construindo um moinho de vento para puxar água."

Sentado em seu escritório numa poltrona de vime, diante de suas revistas científicas, Yersin estuda física, mecânica, eletricidade. De Paris, manda trazer pelo navio da companhia Messageries uma estufa e um forno para flambar, uma máquina de gelo a gás, da marca Pictet. Uma bomba d'água e uma turbina fornecerão eletricidade ao Instituto e à vila de pescadores. Tenta diminuir os custos pondo mãos à obra, são de novo as pipas: "Esta parte da física sempre me interessou, e sei o bastante para fazer a instalação eu mesmo, sem que seja necessário chamar um engenheiro eletricista especializado". Encomenda do construtor Serpollet seu primeiro carro a vapor, um Serpollet 5-cv que alcança a velocidade de vinte e cinco quilômetros por hora.

Yersin é o demiurgo de um sonho em vigília que se realiza. Logo torna-se comprador em Suôi Giao, que hoje é Suôi Dau, de uma propriedade de quinhentos hectares. É então um matagal a cerca de vinte quilômetros da costa. Um rio afluente daquele que aqui desemboca no Mar da China permite chegar de barco ao lugar. Limpam o terreno, preparam os pastos e as plantações de cereais. Yersin projeta um pequeno planeta autossuficiente, uma metonímia do mundo, uma arca da salvação, um jardim do Éden proibido para os vírus relegados ao inferno. Limpam as lagoas, cortando a vegetação. Logo são centenas de bois, búfalos, cavalos, vacas, trezentos carneiros e outro tanto de cabras. Os animais estão divididos em lotes de cerca de cinquenta cabeças, isolados, e uma barreira dupla e vigiada protege as grandes feras e os pequenos bacilos.

A nova missão que se atribui é a do cientista supremo, do multiplicador de progresso. Está cercado de filhos de pescadores que se tornaram pasteurianos, e também de pasteurianos vindos de Paris e de Saigon. Nos laboratórios, começam pesquisas sobre a adenite equina, o tétano, o carbúnculo, o mal de cadeiras, a febre aftosa, o cólera aviário, a pasteurelose e a babesiose. Yersin manda vir caixas de sinos da Suíça, via Marselha. "Desde que as vacas têm sinos, os tigres atacam-nas menos, agora parecem estar atrás dos cavalos." E assim, calmamente, mudamos de século.

Entramos no século xx, e ainda não sabemos que ele será o pior, o das barbáries sem fim depois de um século que sonhava o progresso sem fim. Mas tudo começa com festa. É a Belle Époque. É ainda o otimismo das ciências e das técnicas e das doenças erradicadas, das vacinas preventivas e curativas.

Sentado numa poltrona de vime em seu escritório, diante de suas revistas científicas, Yersin estuda química e agronomia. Faz experiências para substituir o arroz pela aveia na alimentação dos cavalos, organiza as plantações em degraus sobre as colinas para enganar e agrupar os climas. Depois do fracasso do Arábica, plantam dois mil pés de café Libéria, plantas medicinais, entre as quais mil pés de *Erythroxylum coca* para a preparação da cocaína então utilizada em farmácia.

Depois do resfriamento por causa de suas mudanças de humor na Índia, suas relações com Paris se reaqueceram. "Meu caro Calmette, é incrível, e no entanto é fato: recebi uma carta de Roux enviada de Ceyzérieu! Uma verdadeira alegria para mim, pois quando o amigo Roux decide-se a pegar a pluma, é sempre para escrever coisas interessantes." Vai a Paris. "Contava pegar o Transiberiano, mas fiquei com medo de ainda estar muito frio agora." As plantações e o pasto não estão entre as primeiras missões do Instituto Pasteur, não são o que o alimenta. Cria-se uma sociedade privada com os nomes dos "Senhores Yersin, Roux e Calmette".

À distância, a correspondência posterior a seu retorno volta e meia parece a escuta telefônica de um cartel. Roux escreve a Yersin. "A primeira providência de Bertrand depois de sua partida foi procurar ácido túngstico. Encontrou na Inglaterra e pedimos uma tonelada ao preço fantástico de seis mil e quinhentos francos. Não se acha por menos. Será expedido via Hamburgo para Saigon. O ácido sulfúrico partirá por Marselha assim como o silicato. Veja que nos arriscamos ao grande sacrifício. Não está claro que nessas condições a cocaína traga muito lucro. Ainda mais que um concorrente dos mais sérios acaba de surgir no mercado, sob a forma de um novo corpo sintetizado, a estovaína, que é um anestésico menos tóxico que a cocaína e também ativo em dose dupla." Curiosa correspondência, que não menciona que quem inventou a estovaína, alguns meses antes da carta, é também um pasteuriano do Instituto, Ernest Fourneau, químico como Pasteur.

Yersin desenvolve sua produção e elabora um concentrado líquido, que poderia tê-lo transformado no milionário inventor de uma bebida escura e gasosa, se ele tivesse

tirado a patente. Dá ao concentrado o nome de Kola-Canela, que poderia abreviar para Ko-Ca. De Nha Trang escreve a Roux. "Enviei a você, pelo correio, uma garrafa de Kola-Canela. Tome um centímetro cúbico e meio dela em um copo de água com açúcar quando se sentir cansado. Espero que esse 'elixir da longa vida' tenha sobre você o mesmo efeito estimulante que teve para mim."
Yersinia coca.

Cultivam o tabaco, agora também em via de ser proibido, e a mandioca, menos ameaçada. Listam, no entanto, alguns fracassos cujos nomes Yersin registra em um caderno: a baunilha, a noz-moscada, a guta-percha e o milho não se aclimataram. A propriedade abriga uma comunidade agrícola e científica, um dispensário para os habitantes da aldeia. À noite, Yersin fecha os cadernos e as revistas, sonha com o futuro de seu reino de paz e de prosperidade, inquieta-se com a chuva. Conhece a avidez do pasto sob o aguaceiro.

Sonha com o herói de *O ouro* de Cendrars, seu compatriota suíço, o general Sutter em seu reino californiano. À noite, se está entediado, Yersin faz o projeto de uma torre de água. E no dia seguinte começa a construir uma torre de água. Durante quarenta anos, escolherá em cada lugar do mundo o que há de mais bonito na natureza para levar para Nha Trang, as plantas e os animais, as árvores e as flores. Por ora, a renda não vem da agricultura. As plantações são um sorvedouro. Como Pasteur com a raiva, Yersin não registrou a patente de sua vacina. À maneira de certos monges, que proveem as necessidades da vida material com a elaboração de algum licor, *chartreuse* ou genciana, aqui é o soro contra a peste bovina que garante a sobrevivência. Vendem-se mil doses por mês aos criadores.

De tempos em tempos, Yersin envia um texto para os *Anais do Instituto Pasteur* de título sempre lacônico: "Estudos sobre algumas epizootias da Indochina". Como um poeta parnasiano aposentado que enviasse uns versos para as revistas. Na França, a poesia modernista sucede o alexandrino. Yersin ignora Apollinaire e Cendrars e seus poemas para a grande torre Eiffel sideral. Ignora que em Montparnasse, perto do Instituto, convivem Rivera e Soutine, Modigliani e Picasso. Todas essas bobagens da pintura e da literatura, ele as ignora. Está fechado em Nha Trang, o olho colado ao microscópio, ou então, com seu bastão na mão, cruza os campos a grandes passadas.

Como todos nós, Yersin procura fazer de sua vida uma bela e harmoniosa composição.
    A diferença é que ele consegue.

em Hanói

Então vem o imprevisto. Uma carta de Paul Doumer, o órfão de Aurillac, ainda governador-geral. Faz oito anos que Yersin descobriu o bacilo da peste, quatro anos que está tranquilo em Nha Trang. O novo século tem dois anos. É um bebê. Bonitinho e fofinho.

Mas é Doumer, e Doumer vai embora. Eles empreenderam juntos a subida ao platô de Lang Bian, onde Doumer logo construiu o sanatório de Da Lat. Subiram juntos o Mekong, do delta até Phnom Penh. Doumer deixa a Ásia. Vai retomar sua carreira política na França, jogar-se novamente na gaiola das feras. Onde está agora Gorguloff, o russo maluco? Onde está a armação do destino, que em trinta anos, exatamente, colocará esses dois frente a frente, um deles com uma pistola na mão, que esvaziará no peito do outro?

Antes de vir ocupar, em Hanói, o posto de governador-geral dessa região que os geógrafos, até Jules Ferry, chamavam ainda de Índia transgangética, depois de Indo-China e finalmente de Indochina, Doumer fora em Paris o jovem ministro das Finanças vindo da esquerda radical, criara e mandara para aprovação do Congresso o primeiro imposto sobre a renda, que enfureceu os ricos. Quer agora deixar uma marca na história colonial, antes de sua partida quer lançar a pedra fundamental de um grande conjunto sanitário, cuja direção pretende confiar a Yersin. Uma escola de medicina e um laboratório ligado ao Instituto Pasteur, um hospital e um posto de saúde. É Doumer, e Yersin troca Nha Trang por Hanói.

Não revia a cidade verde e brumosa há muito tempo, desde sua volta da terra dos sedang com o padre Guerlach ou desde sua reunião com Lefèvre antes da partida para Hong Kong. A cidade nova de Hanói tem vinte anos menos que a de Saigon. Os franceses de Tonkin andaram rápido. Em vinte anos, como se estivessem ali há séculos, com a segurança e a arrogância e a cegueira dos romanos perdidos na Gália, construíram, para ficarem mais tranquilos, o hotel Métropole e o palácio Puginier, abriram o hipódromo e o mercado, limparam e drenaram os dois lagos. A cidade já tem setenta mil habitantes. Yersin embarcou o Serpollet 5-cv na Ponta dos Pescadores. A partir de Haiphong, um junco escoltou-o pelo rio Vermelho. É o primeiro automóvel da capital. Sentado ao volante, Yersin sobe devagar as largas avenidas sombreadas pelos plátanos.

Os bairros elegantes são os primeiros na Ásia equipados com eletricidade, água encanada e iluminação pública. Aqui e ali, nas ruas calmas, há vilas com colunas e frontão, brancas ou ocre, no fundo de jardins bem aparados, ao longo de aleias limpas e niveladas. Vilas com fachada em enxaimel também, com torres pontudas que se erguem atrás das grades acima da vegetação escura e abundante. Uma cidade proustiana, com nostalgias de Cabourg ou de Deauville reveladas em alguns lugares.

Os riquixás dão passagem à máquina barulhenta. Os charreteiros ajustam os antolhos dos cavalos. Vendedoras com seus chapéus em forma de cone e uma vara nos ombros observam a máquina grande demais para o labirinto de vielas do bairro do comércio. No limite da cidade velha com a francesa, perto do Pequeno Lago onde se ergue o pagode vermelho da Espada Restituída, Yersin estaciona na frente da entrada do Métropole, que ainda é, um século depois de ter hospedado Yersin, o hotel mais agradável daquela que é hoje a capital do Vietnã. O fantasma do futuro, o homem da caderneta, aquele que segue Yersin desde Morges, que passou pelo Zur Sonne de Marburg, pelo Royal de Phnom Penh, deu com ele e Calmette em um salão do Majestic em Saigon e com o imperador Bao Dai no Lang Bian Palace de Da Lat, além de Roux na brasserie do Lutetia, o fantasma do futuro senta-se no bar, enquanto Yersin preenche sua ficha na recepção.

Doumer já o espera diante de um copo e de plantas desenroladas.

Yersin não é masoquista. Não é do tipo que escolheria fazer trekking. Suporta sem reclamar o desconforto quando é necessário, o dos acampamentos e das noites frias nas montanhas. Conheceu as cabanas e as salas invadidas por insetos. Prefere, quando é possível, o conforto *posh* dos navios e dos palácios.

Do Métropole, escreve a Simond, o homem da pulga, que trocou a Índia pelo Brasil. Adoraria convencê-lo a vir assessorá-lo e, quem sabe, substituí-lo. Para a nova escola de medicina, o arquiteto "estima que as obras custarão um milhão e quinhentos mil francos! É no entanto bem mais barato e mais útil que o teatro de Saigon". Yersin dá tempo para que ele reflita, para que faça suas pesquisas sobre a febre amarela na América. "Fiquei muito interessado pelos detalhes que você me deu em sua carta sobre sua instalação em Petrópolis e o começo de seus trabalhos."

Desde a inauguração das instalações de Hanói, Yersin encarrega-se da gestão do complexo sanitário, do recrutamento do pessoal e da admissão dos candidatos médicos e enfermeiros. Concebe os programas no modelo francês, com consultas no hospital pela manhã, à cabeceira dos doentes, e teoria à tarde. Decide dar ele mesmo os cursos de física, química e anatomia. E dá para imaginar a surpresa de Roux ao lembrar-se da velha briga para que o jovem Yersin aceitasse retomar seu curso de microbiologia. Mas é Doumer, e Yersin deu sua palavra.

No fim do primeiro ano, uma turma de onze estudantes passou nos exames. "Nossos alunos de medicina trabalharam muito, temos alguns que são excelentes e que equivalem a nossos melhores estudantes na França. O que é interessante é que mesmo os inteligentes trabalham muito. Pode-se dizer até que não há preguiçosos." Yersin, de tempos em tempos, dá um pulo em Nha Trang, onde continua expandindo a propriedade, supervisionando o crescimento de suas seringueiras e a produção de vacinas. No verão, deixa seu quarto no Métropole e vai para Marselha. Leva com ele o filho de um pescador que transformou em mecânico, Qué. Eles se encontram com o próprio Léon Serpollet, o primeiro produtor de automóveis do mundo. Na estrada de Paris a Beauvais, os três, cabelos ao vento, alcançam os cem por hora a bordo do novo Serpollet 6-cv, bólido totalmente moderno que Yersin, entusiasmado, encomenda e pede para entregar em Hanói.

Depois de dois anos de direção e administração, tudo funciona e Yersin acha que pode enfim pedir demissão.
Fora dois anos pesquisador no Instituto Pasteur de Paris, dois anos médico a bordo na companhia Messageries, dois anos diretor do hospital de Hanói. Ele se cansa rápido de tudo, menos de Nha Trang. Doumer foi embora. Mais tarde, seu nome será dado à grande ponte sobre o rio Vermelho, a ponte Paul-Doumer, hoje Long Biên.

Yersin tem quarenta anos, não tem mais idade para fazer expedições. Na serenidade da maturidade, dedica-se a desenvolver outros dons. Sua vida em Hanói seria apenas um parêntese, quando outros veriam ali o início de uma carreira hospitalar, um futuro de chefe de avental. Leva ainda alguns meses para acertar sua sucessão. Após três anos em Hanói, volta a Nha Trang depois de mais uma temporada em Paris e uma última passagem por Morges. Uma última vez, beija a velha Fanny em sua sala florida na Casa das Figueiras à beira do lago. Ela morre no ano seguinte.

Já tem cinco anos, o novo século. O século canalha. Até então, tudo vai bem. Ele aproveita. É difícil imaginar que os torturadores e os carrascos foram crianças sorridentes. Os futuros monstros têm cinco anos: Fanny morre no mesmo ano que Jules Verne e também Brazza, cujos restos mortais são levados de Dakar a Marselha. Nesse ano, o século já revela graves tendências, que Yersin registra. "É possível perguntar se a guerra não é iminente entre a Inglaterra e a Alemanha. Tomara que a França não se envolva!" É a primeira revolução russa e Trótski toma a frente dos sovietes em São Petersburgo. O prêmio Nobel é conferido ao grão-lama Koch. Passaram-se dez anos depois da morte de Pasteur. Em Paris, Yersin reencontra Paul Doumer, cuja carreira encaminha-se para seu destino trágico. Tornou-se presidente da Assembleia Nacional.

Yersin escreve para sua irmã Émilie, em primeiro lugar para anunciar-lhe que renuncia à sua parte na herança, ao dinheiro "das macacas". Às vezes, as irmãs são tão preocupadas quanto as mães, e às vezes dispomos de sua correspondência. As cartas, entretanto, são menos numerosas, menos longas, menos íntimas, menos detalhadas, a não ser quando falam sobre galinhas.

Em vez de fazer um bom casamento depois dos estudos de piano e das boas maneiras adquiridas na Casa das Figueiras, a irmã solteira, a usar seu pequeno capital para construir um chalé em Bellevue, perto do lago, imagina criar marmotas ou abelhas, mas decide-se pela avicultura. Tem quarenta e cinco anos. Yersin, o solteirão, depois desses anos de medicina em Hanói, reencontra em Nha Trang seus caprichos. Quem sai aos seus não degenera. Os caprichos do irmão e da irmã são como os do pai, do professor de casaca preta e cartola, da fábrica de pólvora e do sistema cerebral do grilo-do-campo.

a controvérsia das galinhas

Geralmente, fala-se da história das ciências como de uma grande avenida que levaria direto da ignorância à verdade, mas isso é falso. É antes um emaranhado de vias sem saída em que o pensamento se perde e se entrava. Uma compilação de fracassos lamentáveis e às vezes risíveis. É comparável nesse sentido à história do começo da aviação. Que acontece ao mesmo tempo que o começo do cinema, dos filmes entrecortados em preto e branco em que se veem madeiras quebrando e lonas rasgando. Sonhadores icarianos atrelados a asas de tecido correm de braços abertos como bailarinas na direção da borda de uma falésia, atiram-se no vazio e caem como pedras, despedaçam-se lá embaixo no vale.

Émilie dilapida o dinheiro "das macacas" com galinhas. Investe sua modesta poupança na construção e no equipamento de um grande galinheiro-modelo em Lonay. Yersin tenta dissuadi-la. Melhor enxugar gelo. Esses dois são da mesma espécie e sua teimosia é sem limites. Émilie torna-se a primeira importadora na Europa de uma ração americana, um granulado supermoderno para as aves, o Full-o-Pep. Faz experiências e a cada dia anota os resultados em um caderno, o número de ovos e o ganho de peso das galinhas. Publica crônicas em *La Vie à campagne* e em *La Terre vaudoise*.

Mesmo apreciando particularmente os ovos de galinha, que, junto com os legumes, constituem a base de sua alimentação, Yersin até então havia dado pouca importância a seu galinheiro, com galinhazinhas anamitas, acinzentadas e anônimas, ciscando livres no quintal diante da casa e proibidas de entrar na horta. Agora, enxerga-as com outros olhos e elas também o veem de modo diferente. Olham piscando a pálpebra, com pequenos movimentos da cabeça caindo para a frente, como se fossem mecânicas, sentem que ele prepara alguma coisa e que vão se tornar galinhas científicas. Os pasteurianos, como todos sabem, devem bastante à galinha. Yersin decide melhorar com cruzamentos a variedade local. Sua irmã envia um grande galo de Vaud para suas franguinhas anamitas. E aí, sem dúvida, é a turma dos freudianos que seria preciso interrogar sobre essa incestuosa procuração. As galinhas descabeladas não percebem o golpe. Tomam gosto pela pesquisa científica.

Isso não basta, no entanto, e é preciso mais uma vez voltar ao microscópio, às revistas científicas. Sentado em seu escritório, em sua poltrona de vime, Yersin estuda embriologia e o princípio de Haeckel, segundo o qual o desenvolvimento de um único ser, a ontogênese, repete na embriologia do pintinho o desenvolvimento de toda a espécie, a filogênese — no interior do ovo, o feto percorre em grande velocidade a evolução dos galináceos a partir do réptil. Porque ama os ovos, porque ama sua irmã, Yersin gostaria de saber como, da gema e da clara, obtêm-se um bico, penas, patas, e por fim, já no prato, a asa ou a coxa, às vezes fritas. Quando decide estudar, não faz nada pela metade, arregaça as mangas de seu avental. Precisa sempre saber de tudo, Yersin, é mais forte que ele. O vencedor da peste não abaixará a guarda diante das galinhas.

A correspondência se amplia, cada um segue suas experiências no seu lado do planeta. Émilie anima-se com uma máquina do concurso Lépine,[5] o *xographe*, cujo inventor, um Nostradamus da avicultura, acha que o instrumento permite determinar o sexo do futuro pintinho desde a postura. Yersin sacode a cabeça. "Esse aparelho me parece ser da categoria das mesas giratórias e de outras brincadeiras parecidas. Seria preciso saber o princípio em que se baseou." Encomenda dois exemplares, inicia um estudo científico com seu assistente zoólogo, Armand Krempf, usando o método estatístico.

Por conta disso, acaba por se interessar pela ninhada. Como nunca faz nada pela metade, desenha um aviário de duzentos metros quadrados e com dez metros de altura. Importa galinhas azuis legorne e galos da Índia, uma incubadora elétrica Spratt, concebe poedeiras e poleiros.

Os dois anotam diariamente o número de ovos e seu peso, medem-nos conforme Palmer, descrevem as malformações de alguns pintinhos na eclosão. E o fantástico cientista que Roux e Pasteur não puderam conservar perto deles, o gênio científico que em dois minutos, cada vez que decidiu se dedicar a um assunto, resolveu enigmas da microbiologia, está agora confinado em seu galinheiro, as botas de borracha enfiadas na palha e nos excrementos. Um de cada vez, Yersin e Krempf, o cenho franzido, fazem girar o pêndulo sobre o ovo numerado, anotam em um caderno a previsão do Nostradamus da avicultura, depois colocam o ovo com cuidado na incubadora Spratt como na manjedoura dos cristãos.

E a cada vinte e um dias, é a alegre confusão das cascas quebradas pelos bicos. Os dois reis magos pasteurianos pegam os pintinhos antes que se misturem e que não se saiba mais seu número. Os doutos cientistas de avental branco, com sua lupa, o que procuram dentro desses

---

5. Concurso francês de invenções criado em 1901 por Louis Lépine. (N. T.)

ovos? Um pintinho de pintinho ou então peitinhos de pintinhas, não se sabe. Em todo caso, não funciona. O *xographe* não é sério, não reconheceria nem a galinha dos ovos de ouro, eu já sabia, deixam a maquininha em um armário ou dão aos meninos da aldeia, que encontrarão uso melhor para ela.

Enquanto Yersin se afunda na merda de galinha em Nha Trang, os prêmios Nobel começam a chover sobre os pasteurianos de Paris. Laveran por seus trabalhos sobre a malária. Metchnikoff por suas pesquisas sobre o sistema imunológico. Yersin acaba com a experiência aviária e registra suas conclusões, envia cópia para Émilie. Recomenda, para obter melhores poedeiras na Indochina, cruzar as anamitas com as wyandottes. Inventa uma alimentação equilibrada para os galináceos, bem melhor que o Full-o-Pep americano, mais barata, e adaptada também à Suíça, uma mistura à base de farinha de feijão, sangue seco e pó de folhas de mimosa, escreve uma nota sobre isso, mas nada de conseguir o Nobel.

uma arca

Talvez a bela loucura de Yersin seja bíblica. Talvez tenha suas raízes em longínquas lembranças dos textos canônicos da Igreja Evangélica Livre de Morges. Num determinado momento, o nômade interrompe suas andanças e torna-se sedentário, o caçador-coletor passa a criador ou agricultor. Abel ou Caim. Na mesma idade em que seu pai esmagara o último grilo com a cabeça, Yersin provavelmente achou que sua hora havia chegado. Ou então generalizou um novo princípio de Haeckel, segundo o qual cada um ao longo de sua vida retomaria em ritmo acelerado a história da humanidade. O aneurisma não é hereditário. Já é agora mais velho do que seu pai. Baixou a âncora da arca em Nha Trang pelos muitos anos de vida que ainda tem. Ainda não sabe.
    Sentado em seu escritório, em sua poltrona de vime, Yersin consulta revistas de mecânica ou revistas veterinárias. Escreve para Paris ou para a Suíça: um dia importa coelhos de raça normanda ou holandesa, outro dia é uma luneta meridiana, um bote a vapor Serpollet, um fonógrafo e dezenas de rolos de música, ou então um cronômetro-gravador de Ditisheim. E a cada escala do

navio na baía, a carga de Ali Baba é descarregada, os marinheiros aproximam-se da Ponta dos Pescadores remando a contraluz com o pôr do sol purpúreo ao fundo, e os carregadores em fila, pacotes e caixas sobre a cabeça, avançam pela beira mar, rumo à casa do doutor Nam que os aguarda na varanda. O inventário de suas tralhas, com apenas uma exceção notável, seria encontrado no fim de uma carta assinada por Rimbaud, de Aden, Arábia: "Quero o conjunto do que se fabrica de melhor na França (ou no estrangeiro) em instrumentos matemáticos, óptica, astronomia, eletricidade, meteorologia, pneumática, mecânica, hidráulica e mineralogia. Não me interesso por instrumentos de cirurgia".

Sentado à mesa da varanda, diante da magnanimidade da baía ensolarada, Yersin come lentamente ovos e legumes, um pouco de carne, bebe apenas água, repousa seu guardanapo. Os pratos devem ter o gosto maravilhoso das folhas da menta vietnamita. No resto do dia, trabalha com os animais e na plantação. Merece o título de camponês e vive na paisagem, longe do mundo cruel e da multidão impura. Com a minúcia de seu pai entomologista e a desmesura dos construtores do império, Yersin trabalha na extensão de seus domínios, no modelo das roças portuguesas que ainda se veem em São Tomé e Príncipe. Já é um longo novelo de terrenos íngremes desde os contrafortes da cadeia anamítica até Nha Trang, uma amostra de climas, uma fazenda vertical, um grande tapete que gostaria de desenrolar um dia do cume até o mar. Sobe cada vez mais alto na montanha, cresce ainda, abre novas estações. Uma parcela ganha à floresta logo é semeada com grama para os animais.

As equipes agrícolas são cada vez maiores. Traça o projeto de uma aldeia em Suôi Giao, agora a meio caminho entre o Instituto e as novas plantações, ali onde ninguém ainda viera se instalar. Sobre a superfície virgem são construídas casas sobre palafitas, galpões, áreas para secar tabaco, um laboratório de química com um apartamento para os pesquisadores. Yersin constrói para si mesmo um bangalô, desenha uma aldeia-modelo, uma república antiga, propõe aos caçadores-coletores que se tornem agricultores ou criadores. Abel ou Caim. Yersin põe à sua disposição uma centena de hectares limpos para a cultura do arroz de montanha. Planta também linho para a tecelagem.

E para vestir os selvagens de cândida probidade.

um posto avançado do progresso

Começam a acusá-lo de dispersão. E não estão totalmente errados. Yersin descobriu o bacilo da peste e inventou a vacina contra a peste. Deveria estar em Paris ou em Genebra, à frente de um laboratório ou de um hospital, na Academia, uma sumidade, um mandarim. Dizem que está retirado em uma vila de pescadores, do outro lado do mundo. Os jornalistas que se recusa a receber têm que inventar, contar a *leyenda negra*. Dizem às vezes que está sozinho numa cabana pisando em sua barba de ermitão. Descrevem-no como rei louco de uma tribo ignorante com a qual faria experimentos cruéis e dificilmente imagináveis. Um nababo aproveitando-se da ciência e de seus truques diante de guerreiros ingênuos dos quais se proclama o chefe enviado pelo céu. Um tirano usando a magia do gás e da eletricidade para subjugar algumas tribos sanguinárias que o cultuam e entregam-lhe virgens em sacrifício. Um Kurtz ou um Mayrena, solitário e isolado em seu espírito como em seu reino. É verdade que o primeiro bloco de gelo quebrado com o martelo em Nha Trang deve ter produzido algum efeito. Na saída da máquina a gás Pictet, o colchão branco e cintilante, de um brilho estranho, que queima a mão e sobre o qual os peixes ficam frescos até o dia seguinte deve ser tão impactante quanto multiplicá-los no rio Jordão.

Yersin alia os milagres da modernidade a seu gosto pela mecânica, pela graxa e pela chave-inglesa assim como pela seringa e pelo microscópio, pelo avental branco e pelo macacão azul. Por isso precisa, como primeiro automobilista, abrir a primeira oficina. "Acabo de terminar os consertos em meu Serpollet 6-CV. Testei ontem e funcionou perfeitamente. Comecei hoje a recuperação do bote, que me tomará uns dez dias, depois ainda terei que montar o motor fixo para acionar uma bomba d'água do laboratório, mais o conserto de meu antigo Serpollet 5-CV, e enfim de minha motocicleta e do moinho d'água, acabei me tornando engenheiro."

Diferentemente da fábula do cientista louco perdido na selva, a atividade de Yersin durante esses anos que precedem a Primeira Guerra Mundial é pacífica e até mesmo enfadonha aos olhos do leigo. Põe seu senso de observação, sua precisão extrema, seu gosto pelos números, sua pontualidade maníaca a serviço das obras de construção da ferrovia que ligará Nha Trang a Phan Rang. Esses canteiros de obras têm a reputação de serem abatedouros. A velha imagem de um morto por dormente.

Na sua chegada ao Congo, Conrad, que ali escreveria *Um posto avançado do progresso* e *O coração das trevas*, descrevera o horror da construção do trem dos belgas, de Stanley Pool ao Atlântico. Daguerches descreveu em seu romance *Le kilomètre 83* a hecatombe no canteiro de obras francês da ferrovia Sião-Camboja. Yersin encontra o médico encarregado do serviço sanitário, Noël Bernard, que mais tarde dirigirá o Instituto Pasteur de Saigon e mais tarde ainda será seu primeiro biógrafo, de Yersin e também de Calmette. Yersin sabe conciliar sua agorafobia com a fraternidade. Com seu novo assistente e discípulo, o doutor Vassal, que acabara de vacinar os pestilentos em Reunião, acolhe os doentes da obra em

Nha Trang. Os dois recolhem material, estudam o tifo e o paludismo. "Estamos de novo em plena epidemia de cólera. Meu mecânico está morrendo dessa doença contra a qual estamos mal armados."

E então, uma vez por ano, enquanto as colheitas crescem e os jovens pesquisadores de sua equipe, químicos e zoólogos, bacteriologistas e agrônomos, seguem com os trabalhos, Yersin sobe a escada do navio *Paul-Lecat*, que é a nova joia da companhia Messageries e chega ao conforto do Lutetia. Vai passar uma temporada em Paris. O cientista misterioso, o explorador retirado nas selvas anda anonimamente pelas ruas. Só seus amigos pasteurianos sabem disso, assim como seu amigo Serpollet. O construtor genial, detentor da primeira carteira de habilitação francesa e provavelmente mundial, o primeiro produtor industrial de automóveis, mesmo que montados sob encomenda, lança um Serpollet 11-cv que será o apogeu de sua carreira. Armand Peugeot compra motores Serpollet e abre sua fábrica, depois vem o jovem Louis Renault, e a marca Serpollet desaparece junto com Léon Serpollet. Uma estátua incrível, feita por Jean Boucher, foi erguida na praça Saint-Ferdinand, no décimo sétimo *arrondissement*. Yersin e Serpollet se completavam, a cem por hora na estrada de Beauvais. Depois da morte de seu amigo, Yersin compra um Clément-Bayard 15-cv, passa do carro a vapor para o carro a gasolina, depois um Torpedo Zebre, e um belo dia não compra mais nada, já conhece tudo, tem outra ideia, quer um avião.

Mesmo que ainda não se saiba, seria possível numerar esses anos em negativo, medindo o tempo que falta para a catástrofe de 14. Em 10 — ou em -4 —, o Lutetia é enfim inaugurado. Yersin escolhe o sexto andar e o quarto de esquina, com vista aberta para a torre Eiffel no horizonte. Nesse verão, tem encontro marcado no aeródromo de Chartres para testar um aeroplano, veste o macacão, as luvas e os grandes óculos. Na primeira tentativa, não está ainda muito seguro, desce com as pernas tremendo e escreve a Émilie: "Esses instrumentos por enquanto são apenas brinquedos perigosos". Admira a coragem de Louis Blériot, que no ano anterior atravessou sozinho o Canal da Mancha a bordo de uma pipa desse tipo. Discute os preços, adia o projeto por falta de pistas de pouso na Indochina. Poderia muito bem construir a sua em Nha Trang, mas uma pista única condenaria Yersin a apenas fazer sobrevoos, o que seria aborrecido.

Dois anos depois, em -2, e a peste reaparece na China. Yersin teme que lhe apliquem novamente o golpe de Bombaim. "Já há muitos médicos no lugar. De qualquer modo, escrevi ao senhor Roux dizendo que se ele achasse que haveria algum interesse para o Instituto Pasteur em que eu fosse à Manchúria, que me telegrafasse, e eu partiria logo." No ano seguinte, já é -1, Albert Schweitzer vai abrir seu hospital africano em Lambarene e por isso ganhará o Nobel. Financia as obras graças ao que ganha com seus concertos de órgão e depois com a gravação de discos de Bach. Para Yersin, essa é a hora da borracha.

Tornou-se plantador. A coisa começa a render bem. Sustenta o Instituto. Depois, começa a render muito. Uma mina de ouro. Soube antecipar o desenvolvimento do carro e da bicicleta. Deposita os lucros em um cofre do Hong Kong Shanghai Bank, compra ações. Depois vem 14. Gaston Calmette é assassinado a tiros em seu escritório no *Figaro*. Jean Jaurès é assassinado em seu bistrô. É julho em Sarajevo. Durante quatro anos, carnificina com soldados e armas químicas. Yersin envia de vez em quando borracha para Clermont-Ferrand. Mas não deixará mais seu paraíso, ainda o aumentará, ainda o embelezará.

o rei da borracha

Ele, que em Annam foi o primeiro ciclista, o primeiro motociclista, o primeiro automobilista, era lógico que também fosse o primeiro produtor de borracha. Depois de sua temporada em Madagascar, leu revistas científicas, acompanhou os progressos da indústria e da mecânica, fascinado por tudo o que é totalmente moderno, e esse é o caso do pneu.

Desde La Condamine e de sua pequena trupe de cientistas iluministas enviada para o Equador no século XVIII, conhece-se o látex colhido pelos índios. Estes usavam a goma para selar e calafetar. Procuravam seringueiras selvagens no inferno verde da Amazônia. Os ingleses roubaram sementes do Brasil e semearam em plantações no Ceilão. Os holandeses fizeram o mesmo em Java. Também ali o conflito se torna rapidamente político e geoestratégico. Yersin vai a Java.
 Passa por Batávia e chega a Buitenzorg. "As plantações são feitas de modo admirável. A população é gentil. Além do mais, nos numerosos vulcões há curiosidades naturais que por si sós já tornariam a ilha interessante."

Visita as plantações na Malásia, em Malaca, escolhe suas sementes de *Hevea brasiliensis*. Quando planta suas primeiras árvores de borracha, a vulcanização havia sido inventada cinquenta anos antes, por Goodyear, e o pneu, dez anos antes, por Dunlop. Começa com uma centena de hectares. Isso rende, no começo da guerra, até duas toneladas de látex por mês. Entra em contato com o engenheiro Michelin. Passa para trezentos hectares. Um negócio de ouro. Yersin é eficiente e pensa objetivamente.

O sucesso deve-se também a seu encontro com Vernet, um agrônomo enviado à Ásia por Vilmorin para coletar plantas. Yersin contrata-o. Tem esse talento de se cercar dos melhores e de ouvi-los. Yersin não se contenta em ser o primeiro plantador de seringueiras em Annam, quer começar um estudo de agronomia. Os dois concebem os protocolos, redigem publicações sobre as propriedades químicas dos solos, os testes de adubos, a coleta de sementes e as técnicas de coagulação do látex, a realização de sangrias nos canais laticíferos. Fazem experiências com as árvores sacrificadas que são arrancadas inteiras ou apenas na parte da folhagem. Concluem que "a proporção de goma contida no látex depende em grande parte da função clorofiliana: pode-se atribuir às folhas, então, o papel principal na elaboração da borracha".

Os dois inventam um aparelho, o picno-dila-mômetro, mais eficaz que o *xographe*, destinado a medir a densidade do látex e seu teor de goma. Editam tabelas de cálculo. Depois se desentendem. Yersin queixa-se a Calmette. "Vernet tem um temperamento péssimo, uma vaidade imensa, a teimosia de uma mula, um espírito ultraparadoxal." Yersin pretende trabalhar diretamente com o especialista de Clermont-Ferrand e pede-lhe que despache para Nha Trang um de seus engenheiros. "Michelin é certamente o mais competente nas questões da borracha." Pede o apoio dos pasteurianos. "Escrevi uma carta a Michelin para ser entregue por intermédio do senhor Roux."

Mas há uma guerra na Europa e Roux tem outras preocupações. Enviam-no em missão sanitária ao front. O Instituto Pasteur e o Instituto Koch do outro lado são requisitados pelo conflito e põem-se a serviço do respectivo estado-maior. Yersin está isolado. A França não responde mais. Retoma seu bastão de peregrino, suas andanças pela montanha em companhia de Armand Krempf. A partir de Suôi Giao, depois de dois dias de navegação e dois dias de escalada, montam sua barraca nas alturas, e descobrem a colina do Hon Ba, no frio e sob chuva.

Em alguns meses instalam ali um observatório meteorológico, realizam experiências de aclimatação de espécies vegetais e animais, fazem mudas. A temperatura chega aos seis graus e a colina é coberta por uma espessa neblina no inverno. Sem mosquitos. Um rio fervilhante. Yersin constrói um chalé suíço na selva fria. "Telegrafei ao senhor Roux para perguntar a ele se poderia ser útil na França durante a guerra. Espero sua resposta." Intimam-no a ficar na Ásia.

Sabe que não pode viajar, que deve renunciar ao Lutetia e ao *Paul-Lecat*. A guerra ou talvez sua briga com Vernet aumentaram sua misantropia. Habitua-se a passar várias semanas seguidas como um eremita em seu chalé no alto da colina, na beira do rio onde vai pegar água, a não ver ninguém, a não pronunciar uma palavra, a cortar sua lenha. Como o Cadet Rousselle,[6] agora Yersin tem três casas, em três climas diferentes, sem sair de suas terras, da propriedade que já tem cinco mil hectares e que ainda triplicará. Faz dois anos a guerra patina. É a hora de Verdun. Yersin está sentado em seu chalé. Estuda ornitologia e horticultura, enche seus cadernos. "Tenho agora alguns crisântemos do Japão floridos. São flores enormes, descabeladas, maravilhosas. É um verdadeiro prazer para mim admirá-las."

---

6. Personagem de uma canção popular francesa que tem três casas. (N. T.)

Por não ter mais o que fazer talvez, nutre uma fascinação nova pelas orquídeas, coleciona-as e consegue trazê-las de países poupados pela guerra e cujas bandeiras são respeitadas pelas frotas beligerantes. Da América Central, pelo Pacífico, faz chegar a Nha Trang variedades raras da Costa Rica, constrói uma grande estufa, põe ali no meio seu equipamento fotográfico. Um Vérascope Richard. Revela em seu laboratório suas primeiras imagens em cores. Das dezenas de anos tirando fotos, ficaram centenas de imagens que quase ninguém viu, que esperam na penumbra dos arquivos do Instituto Pasteur em Paris.

Plantou na frente da casa a figueira que é um enxerto enviado por Émilie da Casa das Figueiras em Morges. Estuda a arboricultura, aprende a poda e a mergulhia, prepara enxertos para as frutíferas, aclimata macieiras e ameixeiras. "O abricoteiro sofre mais que o pessegueiro na estação úmida." Tenta fazer os aldeões desistirem das queimadas, catástrofe ecológica que, no entanto, dá ao arroz da floresta, que cresce nas cinzas, o gosto bom de fumaça, começa uma campanha de reflorestamento. Com a ajuda de sua turma de Nha Trang, repertoria as espécies endêmicas e as descreve, o lims, o cam xé, o giong huong. Ali a teca é boa apenas para fazer as cercas para os currais. Cava viveiros, longas trincheiras de um quilômetro cheias de folhas em decomposição e de húmus.

Segue escrevendo tudo isso nas cartas que envia ao Instituto de Paris, como se continuasse com os pasteurianos a espécie de diário que fazia para Fanny. Escreve a Roux: "Gosto cada vez mais da cultura de flores. Queria cobrir com elas o topo da montanha, e espero conseguir com o tempo. Experimento plantas alpinas, já tenho mudas de mirtilos e de pequenas gencianas azuis que acompanho com ansiedade". E dá para imaginar a indiferença de Roux diante da ansiedade de Yersin. Ou o riso nervoso que o sacode com a lembrança das bombas e dos corpos despedaçados apodrecendo sobre o arame farpado. Roux de volta do front por alguns dias, com seu uniforme manchado de lama e de sangue, a braçadeira com a cruz vermelha, abrindo as cartas empilhadas de Yersin e sua ansiedade pelas pequenas gencianas azuis.

Depois do mar e da montanha, agora as flores.

Por que não os passarinhos?

Yersin constrói aviários, cerca-se de periquitos e papagaios. Manda vir de todo lado pássaros exóticos que solta nas estufas de orquídeas.

Os pasteurianos não o ouvem mais e ele começa uma correspondência com Henry Correvon, do jardim botânico de Yverdon, na Suíça. Encomenda sementes e pede conselhos. Seus primeiros biógrafos mencionarão em Nha Trang catleias e hibiscos, amarílis e bicos-de-papagaio. Mais alto, em Suôi Giao, amaranto e cravo, verbena e antúrio, cíclame e fúcsia. Em Hon Ba, rosas e orquídeas. Em suas cartas, Yersin faz a lista das plantas que ali só apresentam folhas e nunca florescem: goivo-amarelo e jacintos, narcisos e tulipas. Estuda botânica. As flores são os órgãos sexuais das plantas.

Talvez aquelas ali, assim como ele, tenham decidido nunca se reproduzir.

Sabe das bobagens que os jornais inventam. Leu as idiotices de sua lenda negra e sabe que lhe imputam uma descendência, que uma índia das montanhas seria mãe de um filho do doutor Nam. Uma mulher dessas tribos que nem a República nem o imperador de Annam se preocupam em recensear. Haverá outras. Dinheiro chama dinheiro. O mais provável é que Yersin já esteja além dos gestos patéticos da reprodução. Passou muito tempo no laboratório acasalando machos e fêmeas no cio, esfregando focinhos de ratos nas vulvas das ratas para acelerar a experiência, e nunca achou em suas misturas um bacilo do amor. Provavelmente tem total desprezo pelos espelhos e as fornicações que multiplicam sem razão as existências.

Yersin não viajará mais. Fez a volta ao mundo e fechou questão. Sabe que o planeta encolheu e que parece o mesmo em muitos lugares, que é preciso temer "a mesma magia burguesa em todos os pontos a que a arca nos levará". Agora, é uma árvore. Ser árvore é um tipo de vida, e significa não se mexer. Alcança a bela e grande solidão. O tédio admirável. E à noite, quando o cansaço acaba afastando os desejos, quando anda em círculos sem ter nem mesmo o auxílio do álcool, gostaria de falar de tudo isso com seu pai, para saber sua opinião. Não se lembra de que é hoje muito mais velho do que ele jamais foi. Começa a esperar a morte. Alguma coisa ele sabe sobre a decomposição. É naquela terra ali que deseja se decompor.

Com frequência, à noite no chalé, sozinho com seus gatos siameses, relê Pasteur. "Se os seres microscópicos desaparecessem do nosso planeta, a superfície da terra seria tomada por matéria orgânica morta e cadáveres de todo tipo, animais e vegetais. São eles principalmente que dão ao oxigênio suas propriedades de combustão. Sem eles a vida se tornaria impossível, porque a obra maior da morte ficaria incompleta." É a vida que quer viver, abandonar rapidamente um corpo que envelhece para surgir em um corpo novo, e a esses corpos, por sua involuntária contribuição para a perpetuação, a vida passageira paga com a moedinha do orgasmo. Nada nasce do nada. Tudo o que nasce deve morrer. Entre as duas coisas, cada um é livre para levar a vida calma e direita de um cavaleiro bem firme na sela. O velho estoicismo que Spinoza redescobre, a força imanente da vida, que é tudo o que existe. Esse princípio puro, essa natureza naturante à qual tudo retorna. A vida é a farsa que todos devem representar.

Vai ficando um tanto deprimido e a guerra não acaba. Há quase quatro anos os dois povos irmãos se autodestroem, jogam suas crianças aos milhares no lixo das trincheiras. Provavelmente não verá nunca mais a paz, nunca mais verá Paris ou Berlim. A vitória não está decidida. Clemenceau e Roux, ambos médicos, percorrem o front.

para a posteridade

Depois de fechar seu livro de cabeceira, a grande figura do Comandante aparece no meio da noite. De sobrecasaca preta e gravata-borboleta, os olhos azuis, o cenho franzido. A boca do fantasma recita as frases que Yersin sabe de cor. "Sendo a peste uma doença cuja causa se ignora totalmente, não seria ilógico supor que seja talvez produzida, ela também, por um micróbio especial. Se toda pesquisa experimental tiver como guia algumas ideias preconcebidas, pode-se sem risco, e quiçá muito utilmente, abordar o estudo desse mal com a crença de que seja parasitário." Quando essas frases de Pasteur foram escritas, expondo a teoria microbiana como uma hipótese de trabalho, Yersin tinha dezessete anos. Era ainda um aluno muito responsável sob as tílias da escola de Morges. Foi cinco anos antes da primeira vacinação antirrábica. Catorze anos antes da descoberta do bacilo em Hong Kong.

Como se Pasteur o tivesse inventado por inteiro, a ele, Yersin, e tivesse manipulado sua vida como um animal de laboratório, como se o velho hemiplégico incapaz de viajar o tivesse enviado a Hong Kong em seu lugar, tivesse mandado para lá as jovens pernas, os jovens braços e os jovens olhos azuis e acima de tudo o espírito jovem de Yersin, que ele preparara para a observação. Como se sua vida respondesse a uma profecia pasteuriana, incluído aí o acaso que, privando-o de ter uma estufa em Hong Kong, permitiu-lhe descobrir o bacilo à temperatura ambiente, antes de Kitasato, enganado por seu estudo à temperatura do corpo humano. Como se sua descoberta fosse somente a ilustração de uma frase de Pasteur, escrita muito tempo antes: "No domínio da observação, o acaso só favorece os espíritos preparados".

Yersin é um duplo, um clone do jovem cristalógrafo que percorre a Europa durante o Segundo Império e escreve com ardor: "Iria até Trieste, iria até o fim do mundo. Preciso descobrir a fonte do ácido racêmico". E o jovem Pasteur lança-se nas carruagens e nos trens, de Viena a Leipzig, a Dresden, a Munique, a Praga, faz suas pesquisas em sótãos improvisados, carrega em sua mala seus tubos de ensaio, suas pipetas, suas seringas e o microscópio que é o olho do nosso olho, escala o Mar de Gelo a partir de Chamonix para ali recolher suas amostras de ar puro.

E Yersin percebe que Pasteur, que nunca foi médico mas transformou a história da medicina, teria sido um bom explorador, tinha gosto pela coisa, e que esse gosto se revela nas imagens que utiliza para descrever suas pesquisas. "Avançando na descoberta do desconhecido, o cientista parece-se com o viajante que alcança os topos cada vez mais altos, de onde sua vista descobre sem cessar novos espaços para explorar." Uns dez anos antes de sua morte, Pasteur foi a Edimburgo em companhia de Ferdinand de Lesseps, e os dois no apogeu da celebridade foram encontrar a filha de Livingstone, o médico, explorador e pastor. Anos depois, Pasteur convidara Yersin para jantar após sua conferência na Sociedade de Geografia e perguntara-lhe a respeito de suas expedições, lera o relato de sua viagem na terra dos moï e prontamente escrevera com entusiasmo cartas de recomendação, pusera sua imensa notoriedade a serviço daquele que, entretanto, não queria mais ouvir falar de pesquisa científica e abandonava a turma. Yersin enviara-lhe como agradecimento uma bela presa de elefante esculpida, ainda hoje pendurada na parede do apartamento de Pasteur que se transformou em museu.

Deitado sozinho à noite em seu chalé de Hon Ba, longe das bombas, com mais de cinquenta anos, Yersin não se ilude com relação a sua notoriedade. Sabe que deixará atrás de si somente essas duas palavras em latim, *Yersinia pestis*, e que só os médicos conhecerão.

As duas teses do jovem Pasteur, uma em química, *Pesquisas sobre a capacidade de saturação do ácido arsenioso*, a outra em física, um *Estudo dos fenômenos relativos à polarização rotatória dos líquidos*, não revelavam também um desejo de sucesso popular imediato.

O mestre de Pasteur era Biot. Estudante, assistira a sua cerimônia de entrada na Academia Francesa e ouvira seu discurso, seus conselhos de velho sábio aos jovens cientistas, exortando-os a se colocar a serviço da pesquisa pura: "Talvez a multidão ignore seus nomes e não saiba que vocês existem. Mas vocês serão conhecidos, estimados, procurados por um pequeno número de homens eminentes, distribuídos por toda a superfície do planeta, seus seguidores, seus pares no senado universal das inteligências, apenas eles tendo o direito de apreciá-los e de garantir a vocês uma posição, uma posição merecida, de onde nem a influência de um ministro, nem a vontade de um príncipe, nem o capricho popular poderão tirá-los, mas à qual estes tampouco poderão alçá-los, o que ficará, enquanto vocês permanecerem fiéis à ciência, por sua própria conta".

Anos depois, será a vez de o velho Pasteur redigir seu discurso de entrada, de vestir o fardão verde e de embainhar a espada, de render homenagem ao grande Littré, o positivista, o biógrafo de Auguste Comte, o lexicólogo que escolheu os novos nomes para micróbio e microbiologia. O começo do texto pretendia ser um exercício de modéstia. "O sentimento de minha insuficiência me assalta novamente, e eu estaria confuso de estar nesse lugar se não creditasse à própria ciência essa honra, por assim dizer impessoal, com que agora sou coberto." Como sempre, o assunto é mais complexo, e essa modéstia é apenas retórica.

Ela dissimula um orgulho imenso. Pasteur levou anos para erigir sua própria estátua. Com esse gosto imoderado dos franceses pela pompa e pelos monumentos, a glória e as brigas políticas. Essa complicada mistura de universalismo e de amor profundo pela pátria que levava o jovem estudante Louis Pasteur, filho de um soldado de Bonaparte que se tornara republicano ferrenho, a escrever: "Como estas palavras mágicas, *liberdade* e *fraternidade*, como esse renovar da República, eclodido ao sol de nossos vinte anos, nos enche o coração de sensações novas e verdadeiramente deliciosas!".

Todas essas curiosidades da política, totalmente estranhas a Yersin, levaram Pasteur, no auge de sua fama, a submeter-se ao sufrágio popular para tentar uma vaga no Senado, e a perder. Yersin conhece a infinita perda de tempo de Pasteur em discussões contra os médicos, contra a geração espontânea, contra Pouchet, contra Liebig, contra Koch. A estátua esculpida durante sua vida a grandes golpes de diatribes e artigos como se fossem buril e martelo. As intermináveis disputas na Academia de Ciências e na Academia de Medicina. O sistema dos envelopes lacrados para garantir a anterioridade de suas descobertas—os últimos só serão abertos no fim do século xx. Seu diploma *honoris causa* rasgado e devolvido a Bonn depois de Sedan e dos bombardeios a Paris, do tratado de Frankfurt tão monstruoso quanto o de Versailles depois. O apoio político dos ingleses, do cirurgião Lister e a frase do fisiologista Huxley na Sociedade Real de Londres: "As descobertas de Pasteur bastariam sozinhas para cobrir o resgate de guerra de cinco bilhões pagos pela França à Alemanha". Em vez disso a República deverá pagar uma pensão ao arruinado benfeitor da humanidade. Mas Pasteur deixará na história um nome que Yersin não deixará.

Yersin sabe que é um anão.

É, no entanto, um anão suficientemente alto.

Para ganhar a posteridade, seria preciso que inventasse um produto de consumo regular. Porque o século XX será aquele das barbáries e das patentes. Justus von Liebig e Charles Goodyear, John Boyd Dunlop, André e Édouard Michelin, Armand Peugeot e Louis Renault. Deles, a multidão esquecerá apenas o prenome.

Se tivesse chamado sua Ko-Ca de Yersinia, e se a houvesse comercializado, seu nome cintilaria até hoje.

Está deitado à noite em seu chalé de Hon Ba. Na sua idade, Pasteur e seu pai haviam sofrido há muito tempo suas hemorragias cerebrais. O velho Pasteur espera a morte em uma espreguiçadeira, aposentado em Villeneuve-l'Étang numa propriedade do Instituto que os pasteurianos continuam a chamar de "anexo de Garches", em Marnes-la-Coquette, até hoje linda, em meio à natureza e às grandes árvores do parque. O sol brinca nas folhagens. Estrelas de luz volteiam ao sol. Está sereno, espera seus funerais nacionais e a cerimônia em Notre-Dame. Resolveu tudo com Roux. Não dariam a ele a promiscuidade do Panthéon. Uma cripta faraônica acolherá seus restos mortais no subsolo do Instituto. Colunas de mármore e douraduras e mosaicos bizantinos. Repete as velhas palavras que pontuarão sua oração. A alegria, a bravura, a retidão.

Com elas, poderia subscrever a moral de um velho filósofo, simples e não de todo má: aja de modo que a regra de sua ação possa ser considerada como uma regra universal de ação.

frutas e legumes

No dia seguinte de manhã, Yersin acorda no silêncio e na paz. Alegra-se de ter conseguido aclimatar, em torno do chalé, batata, morango e framboesa. Vagens e alface. Beterrabas e cenouras. "Comi, há alguns dias, o primeiro pêssego que amadureceu em Hon Ba." A terra é rica e vermelha sob a grama. Um século depois, a região de Da Lat ainda vive da horticultura e dos vegetais importados por Yersin. Envia para todo o Vietnã alcachofras e gladíolos. Não surpreende que seu retrato domine o lago. E que seu nome seja conhecido, aqui, mil vezes mais do que em Paris.

Quando desce para Nha Trang, senta-se em frente a seu rádio de ondas curtas, ouve os números da terrível hecatombe no Chemin-des-Dames, as armas químicas. Como se a vida lá se passasse em preto e branco, e aqui explodisse em mil cores. Assina os telegramas das agências Havas e Reuters. Os russos e os americanos poderiam depois da guerra dividir a Europa destruída, reinar sobre os campos em ruínas, sobre o solo de toda a Europa, revolvido como o de Verdun, sobre a lama, os gases e as árvores mortas. Como se lá acontecesse o apocalipse e a missão de Yersin fosse salvar a beleza da Europa a bordo de sua arca asiática. O envio das cartas torna-se aleatório. Está cada vez mais isolado. "Querida irmã, há muito tempo que não recebo notícias suas. Perdemos um ou dois malotes, que devem ter naufragado no Mediterrâneo." Yersin anota o nome dos navios da linha Marselha-Saigon torpedeados pelos alemães, as datas em que desapareceram. O *Ville-de-la-Ciotat*, o *Magellan*, depois o *Athos* afundado com a carga de látex de Suôi Giao, o *Australien*...

Todos os homens jovens partiram para o front. Estão na Indochina uma porção de pasteurianos naufragados. Simond, o homem da pulga, trocou o Brasil pelo Instituto Pasteur de Saigon. Yersin divide com ele o gosto pelas orquídeas, pela fotografia, e os dois retomam sua correspondência. "Escrevi a Lumière para encomendar novas chapas. Devo receber sua resposta em um mês e poderei informá-lo sobre a continuidade ou não da fabricação de chapas autocromo depois da guerra."

Avisa-o que sairá para uma caminhada com Krempf, "a fim de fotografar in loco algumas orquídeas interessantes do Nui Chua Chuan". Nessa mesma carta, queixa-se novamente de sua lenda negra, das fofocas contadas pelos jornalistas sobre sua vida amorosa ou sexual, que, no entanto, parece ser como a de Krempf, puramente higienista. "Depois nos encontraremos no Celibatorium, do qual continuo digno, pois a história de meu casamento com uma inglesa é uma horrível fofoca! Gostaria de saber o que aconteceu com Calmette. Não tenho notícias dele desde a declaraçãoo da guerra e não sei para onde escrever, pois Lille ainda está ocupada pelos alemães. Afetuosamente."

Yersin anota em um caderno a lista de plantas que resistem ainda a sua engenhosidade, recusam-se a deixar a Europa para enraizar-se nos confins da Ásia: groselhas, nogueiras, amendoeiras. E principalmente a videira. Recopia a lista em uma carta para Correvon, que talvez não chegue nunca à Suíça. Fecha o caderno *Agricultura*, abre o caderno *Epizootia*, e depois o caderno *Avicultura*, fecha-os, franze o cenho, tem uma nova ideia. É assim a cada cinco minutos. Começa uma carta para o governador-geral: "Penso que poderíamos organizar aqui uma coleção das principais samambaias exóticas ornamentais que contribuiria para fazer de nossa bela estação de montanha um verdadeiro parque nacional".

Fecha o envelope, coloca-o sobre a pilha de correspondência que espera a escala do próximo navio. Mas eis que tem uma ideia melhor. Entre tudo o que a metrópole enviava antes da guerra para a colônia, na medida em que os combates na Europa se eternizam e se espalham, dimensionam-se melhor as penúrias. É bom ter morangos e framboesas. Um em cada dois homens sofre aqui de paludismo. Yersin há trinta anos toma quinino. A cada torpedeamento de um navio, as cargas vão para o fundo do mar. A face da Indochina já está coberta de suor frio e suas mãos tremem. Depois vem a ofensiva dos Dardanelos, a epidemia de malária nas tropas que vomitam suas tripas nas águas azuis do Mar de Mármara. A França reserva a produção dos laboratórios para o corpo expedicionário do exército do Oriente.

Yersin pega em sua biblioteca as obras de La Condamine, de quem sabe ser o surpreendente herdeiro. Esse Charles Marie de La Condamine, como ele cientista e explorador, foi o primeiro a descrever, na volta de sua viagem pela Amazônia, a árvore da borracha e a árvore do quinino. A Academia de Ciências publicou o texto de suas comunicações, *Sobre a árvore do quinino* e seu *Memorando sobre uma resina elástica recentemente descoberta*. Yersin escreve a seus amigos em Java, pede que lhe enviem algumas mudas de cinchona. Faz suas primeiras tentativas de aclimatação.

As árvores não crescem nem puxadas. São necessários meses para perceber que as terras de Hon Ba não são boas para elas. Yersin consegue uma análise química das terras de Java onde a produção é florescente, as curvas anuais de calor e de chuvas, procura uma região de Annam com estatísticas comparáveis. Na Rússia, acontece a revolução de outubro.

Ainda não tinham visto nada. O século ainda se prepara. Tem dezessete anos e já é um verdadeiro delinquente. O boné com a aba para trás e o cigarro no canto da boca, pistola enfiada na cintura. Depois dos milhões de mortos da guerra mundial vem a guerra civil de Moscou a Vladivostok, a fome e a epidemia de tifo. Yersin e sua turma de Nha Trang continuam a fazer germinar as sementes nos canteiros, variam a composição do húmus e colocam adubos. Percorrem o país pegando amostras de terra para levar ao laboratório. Será na colina de Dran, a mil metros de altitude, na direção de Da Lat. Sabe-se que tudo isso poderá levar anos, será tão demorado quanto chegar ao paraíso dos proletários. Encontram um lugar melhor ainda em Djiring, a oitenta quilômetros de Nha Trang. Uma noite, ouvem no rádio sobre o onze de novembro e o Armistício. É também o dia do enterro de Apollinaire com seu buraco de bomba na cabeça. Quatro dias depois, em seu chalé de Hon Ba, Yersin pega a caneta e o papel com o cabeçalho do Instituto. "Meu caro Calmette, estou feliz e emocionado de poder, depois de quatro anos de separação, renovar os laços entre nós."

As comunicações são restabelecidas e os sobreviventes retornam à vida civil. Yersin recruta um pesquisador em biologia vegetal, André Lambert, que começou sua carreira na Sociedade das Quinquinas. É o começo de uma amizade de quinze anos. Os dois têm em comum o gosto pelo trabalho bem feito e pelas caminhadas na montanha. Retomam as pesquisas, começam a assinar em conjunto suas publicações na *Revista de Botânica Aplicada*.

Yersin confia a direção dos Institutos Pasteur da Indochina a seu futuro biógrafo, Noël Bernard, retornado do front, que lhe prestará a seguinte homenagem: "Não há certamente muitos outros exemplos de tamanha generosidade. Ele se apaga para oferecer aos outros a liberdade de iniciativa que para ele também é muito importante". Yersin pretende dedicar-se aos estudos sobre o quinino. Está cada vez mais sozinho em seu retiro nas alturas, cada vez por mais tempo. Cercado por suas gaiolas de pássaros e seus gatos siameses. Desde o fim da guerra, corresponde-se novamente com Roux e Calmette. Suas cartas, ao mesmo tempo afetuosas e científicas, constituem seu diário. "O preparador que morreu não é um qualquer: é um dos filhos do ex-rei de Annam." Este acidentalmente inoculou em si a peste. Yersin pede que tudo seja registrado nos arquivos, que não se esqueçam os combatentes caídos no front científico. "Chamava-se Vinh Tham, era um garoto de espírito aberto, inteligente."

Na França, atrás dos velhos Roux e Calmette, surge uma nova geração de pasteurianos que Yersin não conhece. Bordet recebe o Nobel por seu trabalho com anticorpos. Louis-Ferdinand Destouches, o futuro Céline, e André Lwoff, o futuro prêmio Nobel, são mandados para Roscoff, para estudar as algas. Yersin não tem mais coragem de viajar. Os barcos ainda são muito lentos e a Transiberiana está nas mãos do Exército Vermelho. Mais de trinta anos depois de seu primeiro embarque no *Oxus*, seu entusiasmo evaporou. "Essas longas travessias por mar são terrivelmente monótonas. Se houvesse ao menos um serviço de aeroplanos organizado!" Yersin adoraria ter fundado a Air France com dez anos de antecedência.

É finalmente a pedido do Instituto que decide comprar uma passagem. "O barco que mais me convém, o *Porthos*, sairá de Saigon em 30 de novembro. Isso me fará chegar a Paris para as festas de fim de ano, o que será chato, pois tudo estará fechado e perderei tempo! Ficarei no Lutetia, como nas últimas vezes, e, se o senhor Roux quiser, conversarei com ele."

Antes de sua partida, recebe em Nha Trang um veterinário, Henri Jacotot, também ex-aluno do curso de

Roux, que vem para se encarregar da formação dos preparadores e dos inspetores sanitários. As plantações e as criações continuam a crescer. Desde que não se torpedeiam mais os navios, importam-se carneiros de variedade kelantan ou bizet, vacas da Bretanha e um touro da Savoia para aumentar a produção de leite pasteurizado. Yersin é um velho pastor de barbas brancas e com um longo bastão à frente de mais de três mil ovinos. Desde que se tornou lucrativa, graças à borracha e também ao quinino, a sociedade em que investiram, "Senhores Yersin, Roux & Calmette", foi vendida por um franco simbólico ao Instituto Pasteur e agora financia as pesquisas. Continuam abrindo terrenos porque é preciso alimentar todos esses animais. Semeiam pradarias com azevém, trevo e erva-santa.

    Yersin está pronto prestes a receber uma medalha agrícola quando um outro pasteuriano, Nicolle, recebe o Nobel por seu trabalho sobre a transmissão do tifo.

em Vaugirard

É o inverno de verdade. Não esse sucedâneo de inverno arranjado em Hon Ba em que Yersin acabou acreditando como se fosse o inverno em Lausanne. Faz frio para valer. Jogam sal nas calçadas. Yersin é um homem de mais de sessenta anos vestido com um sobretudo preto, chapéu e cachecol. Fazia sete anos que não vinha à Europa, não havia mais usado esses trajes nem enfiado luvas.

Retoma seus passos lentos por Paris, acompanhado pela pequena nuvem de vapor de seu hálito. Tinha se esquecido disso, lembrança de sua infância à beira do lago. Sorri, hesita em atravessar os bulevares diante da profusão e da velocidade dos táxis-automóveis, eles também seguidos pela fumaça branca dos gases do escapamento no ar gelado. Imagina quanto dinheiro poderia ter ganho seu amigo Serpollet. Olha os pneus, alguns feitos com a borracha de Suôi Giao. Luzinhas piscam nas árvores desfolhadas. Yersin ouvira no rádio sobre essa modernidade e esse frenesi que sucediam, ao que se dizia, a carnificina da última guerra. Essa metade dos anos 20 que se chamam os Anos Loucos. A grande torre de ferro iluminada, cuja construção lembra-se de ter acompanhado até a inauguração, quatro anos depois de sua chegada a Paris, no verão em que se sujeitara e substituíra Roux no curso de microbiologia. Era o verão do Centenário. Mais aqui do que em Nha Trang, sente o peso da História ou quem sabe apenas o peso de sua vida sobre os ombros. Tem a idade que tinham Wigand e Pasteur quando os conheceu em Marburg e em Paris. Atravessa a praça da Concorde, que foi a praça da Revolução e da discórdia, segue para o Quai de la Mégisserie para ver os animais. Faz muito frio. As jaulas foram postas para dentro.

Mesmo nunca tendo feito diferença entre si e o Instituto, Yersin é um homem rico, quando se somam os rendimentos das vacinas veterinárias, da borracha e do quinino. Não abusa. Na Vilmorin, escolhe sementes e bulbos, antúrios e begônias, amarantos, crista-de-galo e petúnias, cíclames, zínias, dálias, giestas e papoulas vermelhas. Manda enviar um lote para Marselha, para o cais da companhia Messageries, e outro para a Suíça, um buquê para sua irmã. Volta ao hotel. Não conhece os novos habitués do Lutetia. Entre eles escritores da moda. André Gide, quando não está no Congo, e Blaise Cendrars, quando não está no Brasil. Os dois ascensoristas são feridos de guerra, manetas, mutilados de guerra com o peito coberto de medalhas. Durante sete anos, Yersin não revira Paris. Durante sete anos não havia visto os rostos daqueles que lhe eram caros, Calmette e Roux na França, Émilie na Suíça. Foi muito tempo. Está um pouco perdido.

De manhã, atravessa a rua na frente do hotel e desce os degraus da estação Sèvres-Babylone, compra uma passagem de primeira classe, pega a linha Doze, que ainda chamam de Norte-Sul. Vai direto para o Instituto. "No metrô, que pego com frequência, a confusão é indescritível. Nos bulevares a multidão é densa e forma uma corrente ininterrupta. No bairro do Instituto Pasteur, a animação é menor, parece que estamos no interior." É nessas ruas, mais calmas, que prefere retomar seus passeios. Rua Dutot, rua Volontaires, e nas transversais e paralelas, rua Mathurin-Régnier, rua Plumet ou rua Blomet. A comuna de Vaugirard fora anexada a Paris no Segundo Império, no ano 60 do outro século, ano em que Mouhot descobria os templos de Angkor, ano em que Pasteur escalava ao Mar de Gelo. Vinte e cinco anos depois, as contribuições internacionais permitiram comprar ali alguns hectares de terrenos de horticultura e construir o Instituto entre campos de repolho.

Na metade desses anos 20, a dois passos das bancadas brancas e assépticas, das seringas desinfetadas e dos microscópios, da ordem e da limpeza dos laboratórios, do ouro e do mármore negro da cripta bizantina, os casebres e as fábricas tornaram-se ateliês de artistas em torno do cabaré do Bal Nègre. Estes instalam-se nas fábricas abandonadas durante a guerra, reconstruídas mais longe, na periferia, e nas quais os industriais, para quem faltam braços depois da carnificina dos soldados franceses, amontoam trabalhadores norte-africanos, são artistas que não têm ainda acesso ao Lutetia e provavelmente nunca terão. Desconhecidos que mal tinham o que comer. Todas essas bobagens da pintura e da literatura. A turma da rua Blomet. Masson, Leiris, Desnos, Miró, provavelmente o velho de sobretudo preto cruza com eles na estação Volontaires, esses jovens de paletó que descem dos vagões da segunda classe. "A estação Volontaires e as famosas entradas do metrô me lembravam o grande Gaudí que tanto me influenciou", escreverá o pintor catalão, quando um dia ele também estiver na moda.

O fantasma do futuro, o homem da caderneta que segue Yersin como sua sombra e também desembarca de Nha Trang com os pés gelados, acompanha Yersin em seus passeios. Na rua Plumet, porque realmente faz muito frio, os dois empurram a porta do Select, um bistrô perdido no tempo em que a decoração deve ser a mesma desde os anos 20. Pedem cafés.

O fantasma do futuro recopiou em seu caderno algumas frases de Robert Desnos que mostra a Yersin. "O caminhante que, numa tarde, passeia pela rua Blomet pode ver, perto do Bal Nègre, uma grande construção desmoronada. A vegetação tomando conta. A trepadeira da casa vizinha passa por cima dos muros e atrás do portão ergue-se uma grande árvore. É o número 45 da rua Blomet onde morei por longos anos e onde vários entre aqueles que foram meus amigos, e que continuaram a ser, se lembrarão de ter vindo." Eram uma turma. Artaud, Bataille ou Breton, como recorda o pintor catalão que entra na moda, pois amamos, uma vez na moda, recordar que nem sempre ali estivemos: "Bebíamos bastante. Era o tempo dos drinques com conhaque e dos mandarins curaçao. Chegavam de metrô, pela famosa Norte-Sul que servia como linha direta entre a Montmartre dos surrealistas e os preguiçosos de Montparnasse".

Yersin dá de ombros, pega seu sobretudo no cabide, põe seu chapéu. Hoje em dia, a área dos ateliês é ocupada por um jardim de infância e pela União de Jogadores de Petanca do décimo quinto *arrondissement*. Puseram ali uma escultura do catalão, *O pássaro lunar*, em homenagem a Desnos morto de tifo em Theresienstadt depois de sua deportação para Buchenwald. O fantasma do futuro vê distanciar-se a silhueta envolta em seu sobretudo preto. Yersin sobe para a rua Dutot, cumprimenta Joseph Meister na portaria. Depois das reuniões de trabalho com Roux e com Eugène Wollman, que desenvolve estudos de bacteriofagia com o bacilo de Yersin, porque todos esses bichinhos não param de se comer entre si, instala-se no escritório bem aquecido de Calmette, "onde encontrei um canto de mesa para escrever minha correspondência".

Antes de sua partida, almoça com seu amigo Doumer, que ainda não cansou da política. Quatro de seus filhos caíram nos campos de batalha. Acaba de entrar para o Cartel das Esquerdas.[7] É novamente ministro das finanças no governo de Aristide Briand. Se soubesse o

---

7. Coalizão de partidos de esquerda para as eleições de 1924 na França. (N. T.)

que o espera, talvez também escolhesse cultivar seu jardim, comprar sementes de Vilmorin. Ou retirar-se para Da Lat, no Lang Bian Palace que construíra.

Por seus trabalhos de aclimatação da quinquina, Yersin recebe a medalha da Sociedade de Geografia Comercial, modesto prêmio, enquanto Calmette é eleito para a Academia de Ciências. Esquecem-no, a ele, Yersin. É um homem do outro século. Já se passaram trinta anos desde que venceu a peste.

Yersinia pestis.

máquinas e ferramentas

O tempo da ciência e do pensamento não é o dos relógios nem o dos calendários. Yersin ficou fora da História. É um enciclopedista, um iluminista. Antes dele, La Condamine publicara a seu bel-prazer sobre geografia e botânica, física e matemática, medicina e química. Como Pasteur, foi membro ao mesmo tempo da Academia de Ciências e da Academia Francesa. Mas o amigo de Voltaire era um enciclopedista dos grandes e colaborava com Diderot e D'Alembert. Yersin é um faz-tudo, um especialista em agronomia tropical e um bacteriologista, um etnólogo e um fotógrafo. Publicou no mais alto nível em microbiologia e em botânica. Mas agora tem outras ideias. Com tempo livre graças ao milagre da paz, que traz seus colaboradores de volta, senta-se no telhado, em sua poltrona de vime, espia pelo telescópio.

Confiou a pesquisa médica a Noël Bernard, a pesquisa veterinária a Henri Jacotot, as quinquinas a André Lambert, a gestão de tudo isso, a logística e a contabilidade, a Anatole Gallois, um jornalista demitido do *Jornal de Haiphong*. É sua nova turma. Não quer mais ouvir falar de animais e dedica-se totalmente à meteorologia. Trouxe de Paris um eletrômetro bifilar de Wulf. Manda fazer enormes pipas, ligadas por cabos de aço a guinchos e cabrestantes. Solta-as no meio das nuvens a mil metros de altitude e as crianças da aldeia aplaudem. Quer medir a eletricidade atmosférica e prever as tempestades e os tufões. Calmette e Roux inquietam-se com seu silêncio. "Estou soltando pipas para fazer sondagens meteorológicas."

Assim como a peste na Idade Média, os fenômenos meteorológicos são calamidades que dizimam. A seca ou a geada, as chuvas de granizo e as tempestades trazem a fome e a guerra. Ali os pescadores desaparecem em tornados repentinos. Conseguir previsões confiáveis seria trabalhar pela paz e a prosperidade.

Yersin convenceu Fichot, um engenheiro hidrógrafo da Marinha louco por astronomia, a vir instalar-se perto dele em Nha Trang. Uma escada leva ao telhado-terraço da grande casa quadrada. Uma cúpula abriga o telescópio encomendado a Carl Zeiss em Iena e um astrolábio de prisma. Toda noite observam. Yersin estuda os logaritmos, progride na matemática e encomenda obras de referência. Gostaria que essa parte do céu acima de seu reino fosse anexada a seu reino, com as estrelas e os cometas. Sonha com Kepler e com Tycho Brahe e queria ser os dois ao mesmo tempo. O homem da observação e o dos cálculos. Na terra como no céu. Viu algumas vezes o que o homem pensou ter visto. Que o confundam um dia com o astrônomo de Vermeer e que um museu ponha seu nome na legenda do quadro. Do microscópio ao telescópio, constata a surpreendente proximidade geométrica do infinitamente grande e do infinitamente pequeno. E nós humanos flutuando como medusas entre os dois. Tem, no entanto, os pés no chão, preenche seus cadernos, avança na teoria matemática, publica seus achados e suas considerações celestes no *Boletim Astronômico* fundado por Henri Poincaré, precursor da relatividade. A luz de Yersin não se apagou.

Na falta de um Nobel de medicina, por que não um Nobel de física?

O telhado começa a ruir. Peso demais. É o fim da astronomia para ele. Tem outra ideia. Manda desmontar o equipamento e coloca tudo no quintal, para as crianças que há tempos já haviam se cansado do *xographe*, afinal bem bobo como brinquedo. Mais velho, adora as crianças. Carrega as da aldeia em seu bote a vapor Serpollet para pescar com linha nas ilhas da baía. Trouxe de Paris um projetor e passa para elas documentários e filmes de Carlitos. As crianças riem. Mais um. E as pipas. Sempre querem mais, as crianças. Agora chega. Tem outra ideia. Rápido. Todo mundo para fora.

Manda instalar uma rede de telegrafia sem fio de Nha Trang a Suôi Giao e Hon Ba. Um funcionário dos telégrafos passa um período em cada uma de suas três casas e liga os emissores-receptores, ensina Yersin e seus colaboradores a utilizá-los. Poderão de agora em diante trocar as notícias e as previsões meteorológicas. Cada um de uma vez, colocam os fones de ouvido. "Estamos infelizmente muito distantes para poder ouvir os concertos transmitidos por vários postos na Europa e na América." Yersin mergulha nos manuais técnicos, escreve a Calmette: "Meu laboratório pessoal de eletricidade vai sendo montado pouco a pouco e me agrada muito. Consegui gravar em fitas as rádios de Bordeaux. Isso ainda não anda tão bem, por causa das condições atmosféricas que são intensas nesta estação, mas se não houvesse dificuldades a vencer, não haveria prazer também".

No ponto em que chegou, um idiota fincaria uma bandeira. Diria ser o chefe, recrutaria uma milícia, encomendaria um hino, içaria as bandeiras de sua frota, cunharia moedas. William Walker e sua efêmera república da Baixa-Califórnia-e-Sonora. Mayrena e seu reino entre os sedang. James Brooke e seu sultanato do Sarawak. Um estrado e um microfone. Um uniforme e óculos escuros. Um Guia, um Reis, um Bao Dai. Uma esposa hollywoodiana, por que não. Até porque seu reino é muito maior que Mônaco.

É muito bom falar pelo rádio. Mas de Nha Trang a Suôi Giao e de Suôi Giao a Hon Ba ainda são horas de piroga e depois a cavalo para levar as sementes e trazer a produção. Estima agora a extensão de sua propriedade em vinte mil hectares, incluindo a montanha em sua "esfera de influência" e sem contar o céu lá em cima. Quando a Academia de Ciências lhe dá um prêmio por algum achado engenhoso, usa o dinheiro para começar a construir uma estrada de trinta quilômetros em zigue-zague. Gênio da engenharia civil. "Em vez de mandar executar esse trabalho por empreiteiros, eu mesmo o dirijo, com a ajuda de nossos empregados anamitas. Darei a nossa estrada uma inclinação regular de dez por cento." Às vezes é preciso quebrar as pedras com explosivos. "Os cacos servem para a construção dos muros de contenção dos taludes que fazemos apenas com pedras secas." Termina assim sua carta para Roux: "O trabalho também ficará mais barato e aproveitará nosso pessoal, em vez de alimentar intermediários que não pagam seus *coolies*. Para fazer o traçado, uso um instrumento de construção inglês, muito prático, que se chama *Improver Road Tracer*".

A estrada permitirá levar até o chalé um possante gerador, instalar iluminação para divertir os periquitos e acionar uma bomba hidráulica para irrigar os canteiros e as roseiras. Yersin encomenda na França um carro articulado Citroën, igual "àqueles que atravessaram o Saara". Porque, assim como quem não quer nada, e mesmo sem nunca ter fixado um objetivo, o rei da borracha e do quinino embolsa seus lucros. Yersin, o asceta, construiu sozinho para si um império dentro do Império.

E, se ganhasse o Nobel, bem que faria um pequeno aeroporto.

o rei do quinino

As cinchonas têm quinze anos e estão produzindo muito. O século tem trinta anos e Yersin, sessenta e sete. São muitas toneladas de quinino por ano. Assim como a borracha, estão submetidas aos riscos climáticos e zoológicos. "Temos nesse momento em Suôi Giao uma grande tropa de elefantes que causam muitos prejuízos, que estragam a estrada e destroem a linha telegráfica."

Nesse ano trinta, um revolucionário desconhecido, que mudou de nome várias vezes e agora se chama Ho Chi Minh, que dez anos antes assistiu ao Congresso de Tours, à criação do Partido Comunista Francês, funda na clandestinidade o Partido Comunista da Indochina. No tempo em que se chamava Nguyen Aï Quóc, estudou na França e viveu um pouco em Londres e no Havre. Foi cozinheiro em navios e talvez Yersin tenha cruzado com ele em uma de suas travessias. Já tem a finura do bambu e o sorriso radiante, mas ainda não tem a barbicha à Trótski. Yersin não acredita nem por um segundo no refrão revolucionário. Matar homens para fazer viver os sonhos. Não como o jovem Rimbaud, autor de um *Projeto de constituição comunista* cinquenta anos antes do

Congresso de Tours, o que deveria ter lhe valido postumamente a carteirinha número zero do Partido. Nesse ano trinta, Doumer, o social-traidor, é presidente do Senado. O pasteuriano Boëz inocula-se acidentalmente com a febre tifoide. Boëz adormecido para sempre em Da Lat junta-se nos *Arquivos do Instituto Pasteur da Indochina* aos combatentes caídos no front da bacteriologia.

No ano seguinte, acontece em Paris a Exposição Colonial, cujo patrono é o velho Lyautey. Ergue-se no bosque de Vincennes uma réplica de Angkor Vat. Yersin e Lambert não irão, mas publicam na ocasião uma brochura sobre a cultura das árvores de quinino, de novo no estilo de poesia utilitária: "A ação do ácido fosfórico pouco solúvel, dos fosfatos do Tonkin, não é evidente. O potássio, sob a forma de sais da Alsácia, teve apenas uma ação fraca, a cal parece não agir favoravelmente, por mais que a terra seja desprovida desse elemento. A cianamida e o nitrato de cal tiveram uma ação claramente nociva, muitos pés dessas séries morreram, os outros se desenvolveram com atraso, comparados aos de outras séries". É quase tão vivo quanto um verso de Cendrars, que poderia ser um biógrafo de Yersin, "*Gong tam-tam Zanzibar bête de la jungle rayons-x express bistouri*".[8]

Então Lambert morre aos quarenta e seis anos. Começa a hecatombe em volta de Yersin. Redige o necrológio de seu amigo para os *Arquivos*. A amizade é o único sentimento paradoxalmente racional, não é uma paixão. Yersin sofre, lembra-se de ter sido "conquistado pelas qualidades do companheiro de trabalho e do amigo". O retrato do amigo é sempre um autorretrato, emprestam-se a ele as virtudes que gostaríamos de ver no espelho. "Homem de caráter e de dever, não oferecia sua amizade com facilida-

---

8. "Gong tam-tam Zanzibar fera da selva raios-X bisturi expresso", em tradução livre. (N. T.)

de, mas, uma vez concedida, seguia fiel com retidão, com uma firmeza tranquila, pronto para a total dedicação."

No fim das contas, tenhamos ou não a vacina contra a peste, sabe-se bem que não encontraremos nunca a vacina contra a morte dos amigos e que tudo o mais é vão. Seria possível acreditar num sucesso exemplar. Mas não. Em Yersin, os compartimentos da razão estão vedados à paixão, desde a infância. Aço inoxidável. O núcleo do reator jamais romperá a barreira de confinamento, a menor falha causaria a catástrofe, a explosão, a aniquilação, a depressão, a melancolia ou pior ainda, as bobagens da literatura e da pintura, ao passo que os caprichos científicos são como a pressão numa válvula, é o pensamento que, em jatos esporádicos, em seu movimento rotativo, projeta-se para todo lado, em todas as áreas. E Yersin provavelmente não quer nem saber se o seu nome brilha ou não. Deve fazer tudo isso porque não quer ficar à toa.

Estamos no alto do tobogã para a próxima guerra mundial. Yersin manda para a França o que ignora ser poesia futurista, como essas *Algumas observações de eletricidade atmosférica na Indochina* publicadas pela Academia de Ciências. Doumer é eleito presidente da República. Yersin continua a recuar e a subir para Hon Ba. O mundo se mexe às suas costas. Não está interessado. Toda essa sujeira da História e da política, ele acha que pode ignorá-la para sempre. Concordaria totalmente com o individualismo de Baudelaire se o tivesse lido, esse que dizia que só pode haver progresso verdadeiro em cada indivíduo e pelo próprio indivíduo. Yersin é um homem só. Sabe que nada de grandioso se faz na multidão. Detesta o grupo, em que a inteligência é inversamente proporcional ao número de membros que o compõe. O gênio é sempre só. Um comitê pode alcançar a lucidez de um hamster. Um estádio, a perspicácia de um paramécio.

Uma noite ouve no rádio que Doumer fora assassinado a tiros pelo médico russo Pavel Gorguloff, que não se saberá nunca ao certo se era louco ou fascista.

Doumer foi amigo dos escritores e Loti dedicara-lhe seu *Peregrino de Angkor*: no dia de seu assassinato, estava perto dele Farrère, que foi amigo de Loti e, como ele, marinheiro no Bósforo, Farrère o acadêmico, o prêmio Goncourt antes da guerra por *Os civilizados*, cuja ação se passa em Saigon, Farrère que nesse episódio também levará um tiro no estômago, mas se recuperará, segundo a rádio. Faz tempo que Yersin e Doumer escalaram juntos as colinas até o platô de Lang Bian para ali fundar Da Lat. Faz muito tempo que subiram juntos pelo Mekong de Saigon a Phnom Penh, o órfão de Morges e o órfão de Aurillac.

Cinquenta anos antes, em Aurillac, os criadores de carneiros convidaram Pasteur para lhe agradecer por tê-los livrado do carbúnculo. Ofereceram-lhe uma grande taça esculpida em que apareciam os emblemas do microscópio e da seringa. À sombra dos plátanos enfeitados, diante da banda alinhada e de alguns carneiros premiados, o prefeito tomou a palavra e dirigiu-se à sobrecasaca preta, à gravata-borboleta, aos olhos azuis: "Ela é bem pequena, nossa cidade de Aurillac, e aqui o senhor não encontrará a população brilhante que vive nas grandes cidades, mas encontrará inteligências capazes de perceber suas benfeitorias e de conservá-las na lembrança". No meio da pequena multidão reunida, o órfão Doumer, então um jovem professor de matemática. E essa lembrança ele conservou a ponto de fundar, vinte anos depois, o complexo sanitário de Hanói e de colocar em sua direção o pasteuriano Yersin.

Nesse mesmo ano 32 do assassinato de Doumer, Émilie morre na Suíça entre as suas gaiolas de galinhas, e acaba a correspondência. Nesse mesmo ano 32, um antigo médico pasteuriano, um pasteuriano renegado, que se tornou escritor e romancista publica sua *Viagem ao fim da noite*.

Alexandre e Louis

Aos dezoito anos, esse filho de uma rendeira da passagem Choiseul engaja-se por três anos. Está lotado no décimo segundo batalhão de cavalaria em Rambouillet e chega ao modesto posto de sargento. Tinha casa e comida, mas isso não era tudo. Logo seria 14. Aos vinte anos estava condecorado e setenta e cinco por cento inválido. Ganhou um retrato na capa de *L'Illustration*. Pelo menos não verá Verdun. Mandam o herói anglófilo para a Inglaterra. Vai a Camarões, de onde os alemães são expulsos, torna-se aventureiro pela companhia de Oubangui-Sangha, chega a Bikobimbo depois de três semanas de caminhada. Pega malária e desinteria.

Louis-Ferdinand Destouches conheceu na África o que Yersin descobria na Ásia e contava a Fanny: "Esse tipo de liberdade selvagem que aqui se goza não pode ser entendido na Europa, onde tudo é regido pela civilização".

Os dois estavam perdidos para a Europa.

Depois da guerra, no começo dos anos 20, o futuro Céline, estudante de medicina, consegue um estágio no Instituto Pasteur. Enviam-no para estudar as algas e as bactérias em Roscoff na companhia do jovem André Lwoff, então com dezoito anos. Louis-Ferdinand Destouches prepara sua tese sobre Ignace Semmelweiss, o médico higienista húngaro, o pré-pasteuriano, o gênio incompreendido, internado num hospital psiquiátrico, onde se revolta e morre apanhando dos funcionários. Porque são assim os gênios, uma coisa ou outra, o ouro e o mármore e o Panthéon ou a camisa de força, a diferença é mínima. Em sua tese, Céline escreve como bom pasteuriano sua homenagem à sobrecasaca preta, à gravata-borboleta. "Pasteur, com uma luz mais forte, devia iluminar cinquenta anos depois a verdade microbiana de forma irrefutável e total."

Torna-se médico higienista na Liga das Nações em Genebra, cumpre várias missões nos Estados Unidos, no Canadá, em Cuba. Talvez por um tempo sonhe com uma carreira científica, um Nobel, depois esquece. Vai sobretudo explodir o romance, como Rimbaud explodira a poesia. Abre um consultório na periferia de Paris e à noite passa a rabiscar seus escritos, não quer mais ouvir falar da pesquisa médica. Pensamos em Yersin, na época, diante das solicitações incessantes de Calmette e de Loir: "E de qualquer modo, minha intenção é de não voltar mais ao Instituto Pasteur".

No romance, Louis Pasteur é Bioduret Joseph. Um médico de periferia volta das fossas e dos lamaçais e dos arames farpados da guerra de 14 para viver a vida dos pobres, que é a mesma antes ou depois da vitória, antes ou depois dos monumentos e das bandeiras e das mentiras da política. O menino Bébert vai morrer. "Por volta do décimo sétimo dia, disse a mim mesmo que seria bom perguntar no Instituto Bioduret Joseph o que pensavam de um caso de febre tifoide como esse."

A descrição do Instituto é catastrófica. O médico de periferia fala da merda e do fedor ao mesmo tempo em que os laboratoristas aproveitam o gás gratuito para apurar seus cozidos entre "os pequenos cadáveres de animais dissecados, bitucas de cigarros, bicos de gás quebrados, gaiolas e vidros com ratos sufocados dentro". Os pasteurianos talvez reclamem do escândalo e da traição, mas podem também se lembrar de uma frase de Yersin: "A vida que se leva em um laboratório me parece impossível uma vez que se tenha experimentado a liberdade e a vida ao ar livre".

O médico encontra o velho cientista desiludido Parapine, que fora seu mestre no tempo em que ainda acreditava nisso. O sobretudo preto de ombros caídos e cobertos de caspas, o bigode branco-amarelado pelo tabaco, ridicularizando seu jovem preparador ambicioso. "A menor de minhas macaquices o inebria. Não é assim em todas as religiões? Pois faz tempo que o padre pensa em outras coisas e não no bom Deus, e seu sacristão ainda acredita nele... E cegamente!"

Yersin: "As pesquisas científicas são muito interessantes, mas o senhor Pasteur tinha toda a razão quando dizia que, a não ser que se seja um gênio, é preciso ser rico para trabalhar em um laboratório, sob pena de levar uma existência miserável mesmo com certo renome científico".

Céline: "É por causa desse Bioduret que muitos jovens optaram, cerca de meio século atrás, pela pesquisa científica. São tão fracassados quanto os que saem da prisão. Ficamos todos parecidos depois de um certo número de anos sem nenhum sucesso".

O jovem médico desapontado vai ver "o túmulo do grande cientista Bioduret Joseph, que ficava nos porões do Instituto entre ouros e mármores. Fantasia burguesa-bizantina de gosto superior". A cripta e os mosaicos que o velho Joseph Meister, oito anos depois da publicação do romance, quando os alemães entram no Instituto, não quererá ver profanados.

O que passa por sua cabeça, antes da última bala? E por que trouxe o velho fuzil da guerra de 14? Por que, depois de vinte anos, limpar e lubrificar, embrulhar num pano e esconder no fundo de uma gaveta? Provavelmente achava que a arma tinha a ver com seu emprego de zelador, de guardião do templo, de último bastião. Talvez, como alsaciano, soubesse que a vitória era provisória, que um dia tudo recomeçaria, que é melhor estar preparado para proteger os restos mortais de Pasteur, morto há quarenta e cinco anos. Os alemães riem desse velho que pretende barrar sua entrada como se acreditasse ser mais forte que a linha Maginot. Empurram-no, derrubam-no. Descem os degraus na direção do ouro e do mármore. O velhinho foge. Será que revê o cachorro, as presas, a espuma branca que escorre pela boca? Um estampido. Soltam-se as travas das metralhadoras, gritam ordens, correm nas escadas. Ficam sabendo que o velho que jaz em sangue terá cumprido apenas uma missão na vida: ter sido o primeiro a ser salvo da raiva. A prova da teoria pasteuriana. Uma cobaia.

quase um *dwem*

Há anos, Bernard e Jacotot põem o negócio para andar e desenvolvem as vacinas, abrem canis para a raiva dos cachorros e chiqueiros para a peste porcina. Já passaram há muito tempo do artesanato para a indústria, das mil doses antes de 14 para mais de cem mil. Os membros da equipe foram formados em Nha Trang: Bûi Quang Phunog ficará ali como médico experimentador durante vinte e cinco anos, assim como os preparadores Lê Van Da e Ngô Dai, mais os laboratoristas. Estes são jovens ainda, e como todos nós não imaginam o que os espera. Serão velhos já durante as guerras da Indochina.

Ainda não vimos nada. A primeira era só para treinar. A Rússia com massacres de Moscou a Vladivostok ainda era pouco. Um dia o século tem trinta e três anos. É a idade com que morrem Cristo e Alexandre, o Grande. Mas é uma fatalidade que os séculos vivam até serem centenários. Chegado à força da idade, o ladrãozinho torna-se chefe de gangue. Em Berlim, dois colecionadores de arte, Hitler e Göring, chegam ao poder, e em Paris, no mesmo ano, Calmette e Roux morrem com duas semanas de intervalo.

Roux, como Pasteur, tem direito a funerais nacionais. É enterrado no pátio do Instituto. É o último enterrado ali. Senão as próximas gerações não poderiam chegar a seus laboratórios sem pisar nos despojos de cientistas. Dão seu nome ao pedaço da rua Dutot que chega no bulevar Pasteur. No romance de Céline, Roux era Jaunisset, e Parapine "qualificou esse famoso Jaunisset como falsário, maníaco do tipo mais temível, e acusou-o ainda de crimes monstruosos e inéditos e secretos que dariam para encher uma prisão inteira durante um século". Yersin: "No mundo dos cientistas, há talvez mais inveja, má-fé e decepções do que em qualquer lugar".

Desde a morte de Calmette e de Roux, Yersin é o último sobrevivente da turma de Pasteur e seguirá nesse posto por dez anos. É nomeado diretor honorário da sede. A cada ano, parte de Saigon pela linha aérea da Air France e desembarca no Lutetia, preside o concílio na Santa Sé onde se reúnem os diretores dos Institutos Pasteur de Casablanca e Tananarive, Alger e Teerã, Istambul e além, e mais os de Hanói e de Da Lat e de Saigon que ele mesmo representa, assim como os laboratórios-satélite em Hué, Phnom Penh e Vientiane.

Depois da última sessão de maio de 40 e de seu último retorno a bordo da baleiazinha branca de duralumínio anodizado, Yersin tentou manter o contato por rádio a partir da grande casa quadrada, os fones nos ouvidos. Agora estamos em 43. Em caso de vitória do Eixo, os Institutos Pasteur vão desaparecer ou então tornar-se Institutos Koch ou Kitasato.

Mas os Aliados desembarcaram no norte da África no ano passado. A coisa começa a cheirar mal para os alemães e os japoneses. Nessa hora em que a guerra se desequilibra, o pasteuriano Eugène Wollman, aquele que trabalha com os bacteriófagos do bacilo de Yersin, a quem haviam aconselhado, como a todos os judeus do Instituto, que se afastasse de Paris para chegar à zona livre quando ainda existia e que se recusou a fazê-lo, é preso no Instituto pela polícia francesa e enviado a Drancy com sua mulher. Morrerá em Auschwitz. Os futuros heróis e prêmioo Nobel da bacteriologia entraram na Resistência. A equipe de André Lwoff produz clandestinamente vacinas para os membros da Resistência. Yersin ignora tudo isso, claro. Há três anos não vai a lugar nenhum. Logo terá oitenta anos e espera o fim, o seu ou o da guerra, na grande casa quadrada com arcadas à beira d'água, fica à espera, sentado em sua cadeira de balanço na varanda.

Há dez anos, Calmette tornou-se um *dwem*. Há muito tempo, desde a descoberta do *posh* a bordo dos navios, Yersin conhece essa mania da língua inglesa de formar palavras com iniciais. Mas essa palavra é americana, *dwem*, e põe no mesmo saco os ingleses, os franceses ou os alemães e os italianos: *dead white European males*. Assim como Roux e Calmette, Dante e Vinci, Pasteur ou Wollman, Pascal, Goethe ou Beethoven, Marat, Cook, Garibaldi, Rimbaud, Cervantes, Magalhães, Galileu ou Euclides, Shakespeare ou Chateaubriand, todos aqueles que ainda há pouco chamávamos de grandes homens estão espetados como insetos, *dwem* fixados na cartolina com os élitros abertos, uma inútil e curiosa coleção de antigamente. Yersin escreve seu testamento.

Roux como Pasteur venerava a República e seu triplo emblema. Sabia que, uma sem as outras, as três palavras não faziam sentido. Que a liberdade não é a licenciosidade e que o injusto não pode ser livre, que é vítima de suas paixões. Que a igualdade deve ser aquela das chances no começo e do respeito ao mérito no final, que em consequência a herança é banida, a não ser que seja afetiva e reduzida a três tostões. É para a coletividade que se deve deixar o essencial.

"Deixo para o Instituto Pasteur da Indochina, que disporá como lhe for conveniente, os imóveis que construí, todo o mobiliário, geladeira, receptor TSF, equipamento fotográfico, incluindo toda a minha biblioteca, todos os meus aparelhos científicos. Os aparelhos científicos relativos à física, à astronomia, à meteorologia etc., poderão ser entregues ao Observatório Central de Phú-Liên, caso ninguém no Instituto Pasteur se interesse em usá-los. Desejaria que fossem atribuídas a meus velhos e fiéis empregados anamitas pensões vitalícias provenientes dos lucros de uma aplicação a prazo que fiz com esse fim no Hong Kong Shanghai Bank em Saigon, e cujo comprovante está com o senhor Gallois em Suôi Giao. O senhor Jacotot fará a gentileza de distribuir essas pensões entre os empregados Nuôi, Dung, Xê, em primeiro lugar, e a meu jardineiro Trinh-Chi, a Du, que cuida dos meus pássaros, a Chutt e a todas as pessoas da minha equipe que o senhor Jacotot julgar dignas."

O envelope foi fechado e entregue a Jacotot, acompanhado de uma mensagem: Yersin pede uma pequena cerimônia vietnamita, com o incenso e a refeição do quinquagésimo dia e as bandeiras brancas. Serão queimados papéis votivos, depositarão no altar do morto uma cumbuca de arroz, um ovo cozido, um frango cozido, uma penca de bananas. Quer ser enterrado em Suôi Giao, no meio do caminho entre Nha Trang e Hon Ba, no centro do mundo e da propriedade. Agora está tudo em ordem. Escolheu o lugar e delimitou-o. Escolheu reduzir seu reino de muitas dezenas de milhares de hectares a dois metros quadrados.

Em meio a toda essa beleza, Yersin espera. Um gênio e talvez, no fundo, um doente mental. Não se importa. Um gênio cujo fim será mais tranquilo que o de Semmelweis. Mas é possível imaginar que, se por acaso fosse internado em um hospital psiquiátrico, também se rebelaria. Quis se proteger do mundo e fazer seu próprio lazareto, um jardim separado do mundo, dos vírus e da política e do sexo e da guerra, fechar-se em sua quarentena de quarenta anos com os caprichos que perseguia. Podia acontecer uma queda depois da glória. Acontece com frequência. Algum fato romântico, um assassinato, uma reviravolta, o sublime ou então o grotesco, um furto ridículo. Yersin podia tornar-se cleptomaníaco ou alcoólatra. Mas não, Yersin não falha e, no entanto, do começo ao fim, continua humano.

Em meio a todas essas vidas e ao turbilhão, a vida de Yersin, que vale tanto quanto qualquer outra. É um homem da razão que nunca se deixa levar pela paixão. É um iluminista grego e entre os quatro pilares escolheu o Pórtico e o Jardim em vez da Escola ou a Academia. De sua última viagem, trouxe os antigos. É um segredo. À noite, na grande casa quadrada, os óculos diante dos olhos azuis cansados, Yersin folheia livros em grego e latim, esconde o texto francês e traduz a lápis. É o último segredo e o último enigma. Só precisa morrer para se tornar um *dwem* também. Só lhe falta a letra inicial.

sob a varanda

É de sólida construção, a grande casa quadrada com arcadas. Vasta o bastante para abrigar todos os pescadores de Xóm Con e suas famílias durante as noites de tufão, para acolher ali as crianças que vêm ler as revistas trazidas para elas de Paris. Yersin espera. Sabe que vai morrer, mas a coisa não acontece. Terá vivido do Segundo Império à Segunda Guerra Mundial. Uma vida humana é uma unidade de medida da História. Os japoneses ainda não chegaram a Nha Trang. É a corrida entre a morte e os japoneses. Agora ele é um personagem de Gracq. Vigia o mar de onde talvez venha o inimigo.

Ainda há guerra na Europa e aqui há a guerra do Pacífico. Os americanos atacam em todas as frentes. Financiam o Viet Minh de Ho Chi Minh, que combate em Tonkin o ocupante japonês. Cada coisa a seu tempo. Depois cuidarão dos franceses. Nas florestas, matam-se mutuamente os stalinistas e os trotskistas vietnamitas. A turma de Nha Trang está no meio de tudo isso. À noite, depois de organizar e limpar suas bancadas, Jacotot e Bernard vêm encontrar o velho mestre sob a varanda.

Às vezes junta-se a eles o jovem escritor Cung Giu

Nguyên. Este morrerá centenário, já no século seguinte. Conhecerá as três guerras da Indochina, contra os franceses, os americanos e depois os khmers vermelhos. Viverá por tanto tempo que verá até a aparição do capitalismo comunista que Ho Chi Minh não imaginara. As conversas da noite são em francês. Yersin fala um vietnamita pragmático e sem nuances, eficaz. Nguyen Phuóc Quynh, antes de ser jornalista, foi um desses filhos de pescadores que brincavam e corriam na grande casa com arcadas. Lembra-se que "uma das características de sua fala vietnamita era usar com frequência um mesmo pronome, *nguoi ta*, para todas as pessoas do singular e do plural, tanto para homens como para animais".

Estamos diante do mar, entre flores e gaiolas de pássaros. O papagaio de pirata e o barulho das ondas. Jacotot e Bernard tomam notas, tentam cada um a seu turno escrever uma *Vida de Yersin*. Há muito tempo sua mãe e sua irmã morreram. A Casa das Figueiras de Fanny foi vendida, assim como o chalé de Émilie, que não teve filhos. Provavelmente não ficou nenhum traço dele na Europa. E talvez não fique nenhum traço da Europa também. Neste ano, ainda não se sabe qual dos dois lados chegará primeiro às armas nucleares. Oppenheimer para os americanos ou Heisenberg para os alemães. Talvez só a Ásia seja poupada. Como imaginar, então, que um outro pasteuriano, Mollaret, encontrará um dia toda essa correspondência cuidadosamente conservada e a depositará nos arquivos do Instituto Pasteur?

Yersin imagina que todas as suas cartas para Fanny e para Émilie, o verdadeiro relato de sua vida, desapareceram há muito tempo. Então responde às perguntas. Como descobriu o bacilo e venceu a peste. Trocou a Suíça pela Alemanha, o Instituto Pasteur pela companhia Messageries Maritimes, a medicina pela etnologia, e esta pela agricultura e a arboricultura. Como, na Indochina, foi um pioneiro da bacteriologia, explorador e cartógrafo. Como percorreu durante dois anos a terra dos moï antes de chegar à dos sedang. Os dois cientistas interrogam-no sobre seus caprichos e suas invenções, a horticultura e a criação de animais, a mecânica e a física, a eletricidade e a astronomia, a aviação e a fotografia. Como se tornou o rei da borracha e o rei do quinino. Como foi a pé de Nha Trang ao Mekong e a Phnom Penh, para depois viver cinquenta anos nessa vila à beira do Mar da China. Os dois cientistas enchem seus cadernos. Veem os olhos azuis de Yersin que viram os olhos azuis de Pasteur.

O fantasma do futuro observa o velho sentado em sua cadeira de balanço do amanhecer até a noite. Na felicidade antiga dos dias. Yersin sabe que não subirá mais para o chalé de Hon Ba nem para a fazenda de Suôi Giao. Imagina o movimento lento do gado nos pastos. O crescimento ainda mais lento dos legumes, de suas flores e de suas frutas. Ele, que sabe como são os homens por dentro, está sentado ali diante do mar e do horizonte e tem consciência de que suas células morrem ou se dividem cada vez mais devagar, cada vez com mais erros ou ruídos na mensagem do ácido desoxirribonucleico que ainda não é conhecido. Mas sabe-se desde Pasteur que nada nasce do nada e que tudo o que nasce deve morrer. Respira o cheiro da noite feliz, deixa o vento banhar sua cabeça descoberta.

Yersin não é um homem de Plutarco. Nunca quis atuar na História. Diferentemente das *Vidas* que este põe em paralelo, a dos traidores e dos heróis, a de Yersin não oferece nenhum exemplo a ser evitado ou copiado, nenhuma conduta a seguir: um homem tenta levar sozinho sua embarcação e o faz bastante bem. Atrás dele o mar apaga suas pegadas. À noite, ajudam-no a chegar a seu escritório. Retoma o estudo do grego e do latim.

o fantasma do futuro

Na época de Yersin, Nha Trang ficava longe. Porque era longe da Europa. Hoje é no centro do mundo. À beira do Pacífico que sucedeu ao Atlântico que sucedeu ao Mediterrâneo. O México fica em frente. Acapulco. A Europa é longe. Do outro lado do mundo, na face escondida do planeta. Se em Da Lat o tempo parece ter parado sobre as águas calmas do lago, e idem nos salões do Lang Bian Palace, aqui a cidade é totalmente moderna.

Yersin estranharia menos se chegasse hoje a Paris e ficasse em seu quarto no Lutetia.

O fantasma do futuro que o seguiu pelo mundo poderia parar aqui no Yasaka, na esquina da rua Yersin com o bulevar à beira-mar, uma torre de vidro hoteleira que poderia estar também em Bangkok ou Miami, por todo lugar onde a malha burguesa e aérea possa nos levar. Nha Trang é uma estação balneária frequentada sobretudo por russos e vietnamitas do norte. A grande base americana de Cam Ranh, a trinta quilômetros daqui, tornou-se uma base soviética depois da reunificação. O único voo internacional para Nha Trang decola de Moscou. Os russos vêm aqui se beneficiar das alegrias combinadas do trópico e das foices e martelos nostálgicos nas bandeiras vermelhas que contornam a praia. Os cardápios do restaurante Yasaka são trilíngues, vietnamita, inglês e russo. Mas é apenas em inglês que, nos banheiros — louvável preocupação de forçar os russos ao multilinguismo ou pegadinha com o antigo grande irmão —, menciona-se que a água da torneira não é potável.

Na esquina das ruas Yersin e Pasteur, nesse mês de fevereiro de 2012, operários trabalham dia e noite no canteiro do Nha Trang Palace. O fantasma dirige-se para o Instituto Pasteur, ali perto. Quando a grande casa com arcadas da Ponta dos Pescadores foi destruída, há alguns anos, tudo o que ficara em seu interior foi transportado para um anexo do Instituto, do telescópio ao material de meteorologia, e assim criou-se um pequeno museu Yersin. Dá para ver uma reconstituição de seu escritório. Tudo feito de madeira escura, os instrumentos científicos de um outro tempo são de cobre e latão. O fantasma do futuro senta-se na cadeira de balanço de Yersin. Vê nas paredes os mapas de suas expedições. Sobre a mesa, seu livro sobre os moï. É um termo genérico que caiu em desuso, "povos das montanhas, montanheses". Hoje prefere-se "minorias étnicas". Em torno de Da Lat os lat, os chill, os sré. Em Suôi Dau os jaglï.

    Nas estantes, centenas de obras em francês e alemão cobrem o campo dos caprichos. Livros de História. Essa talvez seja também a biblioteca dos primeiros pasteurianos de Nha Trang, de Bernard e de Jacotot ou de Gallois. Yersin teria lido esse livro de Alain Gerbault, *No caminho de volta — diário de bordo*?

    Sobre sua escrivaninha, poemas de Virgílio batidos à máquina em latim, com entrelinhamento duplo, e traduzidos a lápis, verso depois de verso, no interstício. Listas de frases em vietnamita para memorizar. Uma fotografia dele em Paris com Louis Lumière. Sua última passagem de avião, datada de trinta de maio de 40. Yersin ocupava o melhor entre os doze lugares, o K, isolado no lado esquerdo ao fundo do avião. O bilhete lista as bebidas à disposição dos passageiros, as marcas de uísque, conhaque e champanhe que devem ter entornado alegremente os ricos fugitivos, depois da decolagem do último voo Air France nas barbas dos alemães. Uma fotografia dele em sua última volta, em junho de 40, na escada da baleiazinha branca em Saigon.

Pode-se prolongar a caminhada por trezentos metros rumo ao norte na direção do rio. No lugar da grande casa quadrada com arcadas ergue-se um hotel para o descanso de policiais merecedores, vindos de toda a república socialista do Vietnã. No terraço, o restaurante Svetlana, diante das ondas que se quebram ruidosamente, fica fechado fora da estação. O guarda aceita que o estrangeiro se abrigue da chuva fina, e não seria possível recusar nada a um fantasma. Este senta-se diante do grande estrondo das ondas. Só a vista do horizonte está intacta.

Os pescadores foram deportados para uma nova vila do outro lado do rio, para dar lugar aos hotéis. Ao pé da ponte, nas paredes de um bistrô um pouco decadente que serve apenas duas bebidas, chá e café, estão pregados de um jeito torto cinco retratos de *dwem*: Bach, Beethoven, Einstein, Balzac e Bonaparte. Nem Yersin nem Pasteur. No entanto, estes dois são venerados no Vietnã e seus nomes estão sempre nas esquinas. Pasteur é um santo da religião Cao Dai, praticada sobretudo no delta do Mekong. Yersin é um Bodhisattva no templo de Suôi Cat, perto daqui. Sentado em uma cadeira de plástico na beira da calçada, o fantasma observa o fluxo contínuo dos automóveis e das bicicletas motorizadas que toma a ponte e atravessa o rio. Yersin foi o primeiro a trazer um automóvel para cá. O primeiro a fotografar a magnífica baía.

Para chegar de Xóm Côn, que foi outrora a Ponta dos Pescadores, hoje sem pescadores, a Hon Ba é preciso atravessar a cidade e pegar a estrada Mandarine, tomar a direção norte, de Hanói, sair à direita na bifurcação e depois mais trinta quilômetros de curvas que sobem pela montanha. Minorias étnicas queimam e desmatam as colinas baixas para produzir madeira, plantam eucaliptos e acácias, além de cajueiros por conta da castanha de caju. Campos de bananeiras, milho, grama alta e cortante. Diante das cabanas de bambu, fogem os frangos e correm os bezerros, com medo dos motores. Depois de uma hora de estrada, uma barreira de polícia vermelha e branca e uma guarita. Além, os desmoronamentos de rochas e deslizamentos de terra são frequentes durante a estação de chuvas. Mais alto, seria possível achar que estamos em selvas conhecidas, como a de Honduras ou El Salvador, a cada volta a temperatura cai e o céu fica encoberto, a névoa baixa. Tem-se a impressão de que isso não terminará nunca, até que se ouvem cães latindo na neblina, e a estrada termina num grande lamaçal.

Quatro homens vivem aqui, longe de tudo, dois guardas do chalé de Yersin, que foi reconstruído, e dois guardas-florestais de uniforme, no talude em frente. Entre eles, uma árvore de chá centenária. Dentro, alguns móveis de madeira escura e a cama de Yersin, instrumentos científicos, uma velha mala em um armário. As nuvens entram pelas portas e janelas abertas. A névoa rodopia feito fumaça de cigarro dentro do chalé, tudo está molhado e brilha, como se fosse laqueado. Na floresta de grandes samambaias, sob a chuva, os guardas acham os vestígios dos antigos estábulos, os cochos, pedras escavadas em que foram feitos canteiros para semear as primeiras cinchonas. Grandes lagartos marrons que os cachorros perseguem sobem nas árvores. Mais abaixo, o rio borbulhante e alaranjado de lama. Mais tarde, sentado diante do chá que ferve no chalé molhado, o fantasma do futuro tira as sanguessugas das pernas, essas idiotas que acham que poderiam se alimentar do sangue de um fantasma.

No meio do caminho para Nha Trang, em Suôi Giao, hoje Suôi Dau, uma grade pintada de azul na entrada de um campo, um cadeado, um número de telefone para ligar e chamar o guarda. Do outro lado, um pastor com chapéu em forma de cone e um longo bastão guia uma tropa de carneiros acompanhados de grandes pássaros brancos. O caminho para a fazenda experimental é cercado de lantanas floridas, de cana-de-açúcar, de tabaco, de plantações de arroz. Depois, há uma subida pavimentada na beira da qual camponeses manejam metaforicamente a foice. O túmulo azul-celeste no alto de uma pequena colina. Nenhuma placa. Só isso em letras maiúsculas:

ALEXANDRE YERSIN
1863-1943

À esquerda um pavilhão laranja e amarelo espetado com bastões de incenso. Os dois metros quadrados azul-celeste de território vietnamita que foram o centro do reino. Encontrou ali o repouso, encontrou o lugar e a fórmula. Poderíamos escrever a *Vida de Yersin* como uma vida de santo. Um anacoreta retirado em um chalé na selva fria, avesso a toda obrigação social, a vida de um eremita, um urso, um selvagem, um personagem genial, um belo esquisitão.

a turma

Mais do que sua *Vida*, ele provavelmente adoraria que se escrevesse essa outra história, a da turma reunida em torno da ciência em pessoa, da sobrecasaca preta e da gravata-borboleta. A turma que vai pasteurizar o mundo e livrá-lo dos micróbios. Muitos são os órfãos ou os apátridas que escolheram um pai e ao mesmo tempo uma pátria. Além disso, eram audaciosos, aventureiros, porque na época era tão perigoso aproximar-se de uma doença infecciosa quanto fazer decolar um avião de madeira. Um bando de solitários. As discussões brutais e as amizades indefectíveis. O grupelho ativista da revolução microbiana.

Depois da possante explosão do vulcão em Paris, eles são as brasas incandescentes que caem aleatoriamente nos desertos e nas florestas. Homens jovens e corajosos que fecham seus baús com tubos de ensaio, autoclaves e microscópios, saltam nos trens e nos navios e correm atrás das epidemias. Alguma coisa cavalheiresca e pasteurial. A seringa brandida como espada. Fidalgos desenraizados, exilados, provincianos e estrangeiros que vão percorrer o mundo. De Paris, Roux, órfão de Confolens, está no comando e centraliza as descobertas. Uma confraria. A turma de Pasteur em todo lado, competindo com a turma de Koch que precisa se apressar. Há ainda vazios nos mapas e doenças desconhecidas. Tudo ainda é possível e o mundo médico é ainda é novo. Isso não vai durar. Sabem disso. Estão em um bom momento para ter seu nome gravado em latim junto ao de um bacilo. Aplicam o método pasteuriano testado com a raiva. Retirar, identificar, cultivar o vírus e atenuá-lo para obter a vacina. Beneficiam-se do desenvolvimento dos meios de transporte, do vapor que lhes permite chegar aos lugares assim que uma epidemia aparece. Em alguns anos, as catástrofes que mais parecem monstros homéricos serão derrotadas uma após a outra, a lepra, a febre tifoide, a malária, a tuberculose, o cólera, a difteria, o tétano, o tifo, a peste.

Muitos morrem no caminho. Roux vai ao Egito para estudar o cólera em companhia de Louis Thuillier. Este, primeiro colocado no concurso para a cadeira de física, volta de uma campanha de vacinação na Rússia. Tem vinte e seis anos e já descobriu o bacilo da erisipela suína ou mal vermelho, e assinou em conjunto com Roux, Pasteur e Chamberland os *Novos fatos para servir ao conhecimento da raiva*. Quando chegam a Alexandria, contrai cólera e sucumbe. Estamos longe de Sedan, longe dos políticos. É a treva. As duas equipes se confraternizam. Segundo testemunho de Roux, em uma carta que endereça a Pasteur, "o senhor Koch e seus colaboradores vieram no momento em que a notícia se espalhava pela cidade. Encontraram as mais belas palavras pela memória de nosso querido morto". E antes de descrever o bacilo do cólera, porque dessa vez foi ele quem ganhou, "o senhor Koch segurou uma das pontas da mortalha. Embalsamamos nosso camarada. Ele repousa em um caixão de zinco lacrado". Repouse em paz, camarada. Junte-se a Pesas e Vinh Tham mortos pela peste em Nha Trang, e Boëz dormindo para sempre em Da Lat.

Quando morre Pasteur, a turma dos apóstolos laicos dispersa-se por todos os continentes e abre Institutos, espalha a ciência e a razão. Não param de enviar correspondências de um lado a outro do mundo no ritmo dos navios que partem. Cartas escritas à mão, de um só fôlego, na língua positivista da Terceira República, de sintaxe impecável. Se não são todos Michelet, ao menos são Quinet. Cientistas letrados que sabem que "amor", "delícia" e "órgão" são femininos no plural.[9] Como os marinheiros, avisam sua nova posição. Calmette em Alger, depois em Saigon, depois em Lille. Carougeau deixa Nha Trang por Tananarive. Depois de Sydney, Loir cria o Instituto Pasteur de Túnis, estuda a raiva na Rodésia antes de ir ensinar biologia em Montreal. Nicolle está em Istambul onde Remlinger o sucede antes de ir a Tânger. Haffkine, o judeu da Ucrânia, abre um laboratório em Calcutá. Wollman, o judeu da Bielorrússia, é enviado ao Chile. Depois de muitos anos na Guiana, Simond fecha a história da peste em Karachi e vai estudar a febre amarela no Brasil.

Em Nha Trang, telegramas avisam a Yersin sobre a morte de todos os seus velhos amigos e sobre como se espalharam os sobreviventes mais jovens. Como Roux, não terá descendência ou bem mítico. Os órfãos de Confolens e de Morges escolheram Pasteur como pai espiritual, seus filhos serão espirituais. Os laboratoristas serão pesquisadores. Yersin está muito velho num mundo que não é mais o seu. O último colaborador de Louis Pasteur ainda vivo. Não escreverá suas memórias. Este livro não o agradaria. Em que diabos eu estou me metendo.
 É a corrente que precisaria ser descrita, não os elos. Uma corrente de um século e meio de comprimento. Pasteur escolheu Metchnikoff que escolheu Wollman,

---

9. As palavras *amour*, *délice* e *orgue*, em francês, são masculinas no singular e femininas no plural. (N. T.)

Eugène Wollman, que na sua volta do Chile trabalha com os bacterófagos do bacilo de Yersin antes de ser deportado para Auschwitz, enquanto seu filho entra na Resistência. Depois da guerra, este último, Élie Wollman, é escolhido por André Lwoff, e trabalha em seu laboratório com François Jacob, que se juntou às Forças Francesas Livres em Londres, combateu da Líbia à Normandia. Retomam juntos os trabalhos de Eugène Wollman. Jacob recebe o Nobel com Lwoff e Monod. Este explorou a Groenlândia com Paul-Émile Victor nos anos 30 antes de juntar-se à Resistência. Vinte anos depois do Nobel, Lwoff escreve seu artigo "Louis-Ferdinand Céline e a pesquisa científica", porque, faça-se o que for, como num grupelho ativista, quer se tente fugir para longe como Yersin, ou falar mal como Céline, trair e passar para a literatura, não se escapa da vigilância do grupelho.

Esse será o último enigma da vida de Yersin. A literatura. Só será descoberto depois de sua morte, quando se organizarem seus arquivos. Interessou-se pela literatura, ficou à sua mercê. Sabe agora que não é verdade que "isso não quer dizer nada". Rimbaud vem do latim, e é aí que Yersin termina sua vida. Esse último vício é mais forte que a cocaína, que foi seu único fracasso.

Jacotot descobrirá seu pequeno ateliê clandestino de tradução quando arrumar o escritório. Os livros e as folhas, sobre as capas a coruja ou a loba. Octogenário, retoma o estudo do latim e do grego, esconde a página da esquerda. Traduzir é como escrever uma vida. A invenção cerceada, mas também a liberdade do violino diante da partitura, os golpes do arco, os *crescendi* ligeiros da corda mais aguda e o ritmo surdo dos graves. Surpreso, Jacotot registra o inventário com devoção: Fedro e Virgílio, Horácio, Salústio, Cícero, Platão e Demóstenes. Yersin provavelmente encontrou ali valores antigos como os seus, a simplicidade e a retidão, a calma e o comedimento. Criou agora o gosto da literatura, e conserva sempre o da solidão.

o mar

De vez em quando acordam as velhas feridas da luta com Thuk, a lança entre as costelas e o polegar cortado. Suas pernas não o sustentam mais. Está sentado em sua cadeira de balanço. Não é o bastante para que fique ali sem fazer nada. No fundo de seu cérebro ressoa a frase de Pasteur, como uma ordem: "Teria a sensação de cometer um delito se passasse um dia sem trabalhar". Tem uma última ideia. A observação das marés.

Terminará sua vida feliz de solitário na simplicidade dos dias e de sua insaciável curiosidade. É como Kant em Königsberg, mas sem problemas com os choupos ou os pombos do vizinho. É senhor da propriedade e da paisagem. Do terraço da grande casa quadrada, do lado esquerdo, a foz do rio e a montanha que desce até as ondas, do lado direito, quilômetros de praia. É a posição ideal para estudar as marés, no ângulo reto que formam o estuário e o mar. Registra as coordenadas lunares e mede as estiagens e os coeficientes, a altura das marés, manda fabricar escalas graduadas que são colocadas no meio da água, com lâmpadas em cima. À noite, sentado em sua cadeira de balanço, o caderno sobre os joelhos, observa as luzes com o binóculo náutico.

O almirante Decoux, governador-geral da Indochina invadida, retirado em Da Lat, faz chegar a ele as efemérides da Marinha. Decoux se aborrece. Deixou o palácio Puginier de Hanói para não ter de ver os samurais desfilando pela cidade. Instalou-se com seu gabinete no Lang Bian Palace, em frente às águas do lago. É pouco para um almirante, um mero lago é humilhante. Enquanto as bombas explodem por todo lado no planeta, os tanques aliados que tomaram Koufra avançam para o norte, os pilotos camicazes atiram-se nos destróieres americanos, o Exército Vermelho esmaga o front alemão e avança rumo à Polônia, Pétain está confinado no hotel do Parque de Vichy e Decoux no Lang Bian Palace de Da Lat, diante das águas do lago. A grandeza da França retrancada nessas estações de águas, como banhistas desocupados de roupão branco e chinelos sob os lambris. É preciso se ocupar.

 Decoux manda destruir as molduras e as decorações em estilo Belle Époque que enfeitavam o Palace. Exige que façam o mesmo no teatro de Saigon, na praça Francis-Garnier, que depois se transformará na Assembleia Nacional. Que se acabe com essa indolência rococó de inspiração judia ou maçônica, que teria levado a França para o fundo do abismo, não fosse o Marechal. Quer ângulos retos, sobriedade, austeridade ao gosto alemão. São os caprichos da história e dessa cegueira que levarão a França, dez anos depois, a embelezar e aumentar o golfo de Da Lat durante a batalha de Diên Biên Phu. Imaginando que o Estado-Maior ficaria feliz de fazer ali um pequeno desfile depois da vitória. Da Lat, a cidade utópica, construída sobre a página verde e virgem do Lang Bian, que durante um tempo imaginaram transformar na capital de toda a Indochina, é hoje uma ilhota negligenciada até pelos japoneses. O almirante percorre os corredores do palácio metido no uniforme branco de gala, mas poderia muito bem estar de pijama. Inquieta-se a respeito das reservas de conhaque e champanhe que será preciso jogar no fundo do lago quando chegar o primeiro samurai. Como quem afunda um navio para não entregá-lo ao inimigo. Conhece Toulon e Mers el-Kébir. Mas os japoneses não chegam.

Dois anos mais tarde, seis meses antes de Hiroshima, seis meses depois da libertação de Paris, as tropas de Hiroito derrotadas em todos os fronts se lançarão furiosamente ao ataque das casernas francesas que os esperam há cinco anos e que há muito tempo já baixaram a guarda. Os japoneses massacrarão os militares e prenderão os civis nos campos de prisioneiros. Por ora, os funcionários indígenas, obsequiosos durante o dia, informam o Viet Minh à noite. Vasculham as lixeiras e o escritório do almirante, encontram a última carta de Yersin, previnem a guerrilha de que os imperialistas estudam as marés em Nha Trang e talvez planejem um desembarque.

Alguns dias antes de sua morte, Yersin agradece ao almirante de água doce o envio das efemérides. É sua última carta. "Poderei comunicar os resultados dessas observações sob a forma de um diagrama assim que tiver reunido número suficiente." Logo comemorará seus oitenta anos. Suspeita que preparam, escondido, uma cerimônia. Entre suas observações de binóculo com seu assistente Tran Quang Xê, traduz os gregos. Sua única publicação póstuma não será autobiográfica: é Jacotot quem escolherá um desses títulos pós-rimbaudianos que agradam aos pasteurianos: *Diagramas dos níveis das marés observadas em Nha Trang, estabelecidos a partir dos níveis anotados pelo Dr. Yersin em frente à sua casa em Nha Trang*. Enviará ao *Boletim da Sociedade de Estudos Indochineses*.

À meia-noite, às seis da manhã e às seis da tarde Yersin anota as observações e preenche as colunas em um caderno que está hoje no pequeno museu de Nha Trang. Às vezes cochila. Está nas brumas. Em geral, morrer é dolorido. Viu isso nos hospitais. Flutua com o barulho das ondas. A bordo de uma traineira normanda ou numa cabine de primeira classe, entre os cobres e as madeiras envernizadas do *Oxus*, do *Volga* ou do *Saigon*. É a lenta subida das ondas negras, como um murmúrio. A água salgada chega à foz do rio e mistura-se com as águas doces. Sente sonolência e afoga-se docemente numa estranha tristeza que sobe como a maré. Às vezes uma frase de Pasteur. "É principalmente pelos atos de fermentação e de combustão lenta que se cumpre essa lei natural da dissolução e do retorno de tudo o que viveu ao estado gasoso."

    Agora, é feito da matéria dos sonhos. Os pescadores acendem suas lamparinas e vão para o mar. Se algum deles se machucar, será vacinado contra o tétano, a vacina está na geladeira. Amanhã o peixe reluzente sobre o gelo e o movimento dos camarões no fundo dos covos. As luzes dançam no mar ou atrás de suas pálpebras. Tem outra ideia. Amanhã comerá camarões ou dentes-de-leão. Tenta lembrar se pensou em aclimatar o dente-de-leão em Hon Ba. Seu pensamento está um pouco confuso, agora é uma lenta inundação, a água escura e seu murmúrio de maré sob a grande medalha branca da lua. A subida das águas chega aos fusíveis de seu ateliê de eletricidade. Seria preciso acionar o disjuntor, levantar-se, sair da cadeira de balanço. É impossível. Os breves estouros do curto-circuito. A explosão de uma artéria no cérebro. É uma da manhã. A luz se apagou.

agradecimentos

Em primeiro lugar para a professora Alice Dautry, diretora-geral do Instituto Pasteur, que me permitiu livre acesso aos arquivos da rua Émile-Roux, para Agnès Raymond-Denise, conservadora, e para Daniel Demellier pelo apoio dado a essas pesquisas e por seus preciosos conselhos. Em Paris, ainda, para Hoa Tran Huy, Hoan Tran Huy e Minh Tran Huy. Em Morges, para Guillaume Dollmann por sua pesquisa sobre a Casa de Pólvora e também por nossa viagem ao Equador, de Quito a Mitad del Mundo seguindo as pegadas de La Condamine. Em Saigon, para meus amigos Philippe Pasquet e Tran Thi Mong Hong. Em Da Lat, para Nguyen Dinh Bong, diretor do Instituto Pasteur, e para Dao Thi Vi Hoa, subdiretora. Em Nha Trang, para Truong Thi Thuy Nga, conservadora do museu Yersin do Instituto Pasteur. Assim como para Tran Dinh Tho Khoi, antigo aluno do Liceu Yersin de Da Lat, agora professor, que foi meu intérprete nesses lugares e junto aos guardas de Hon Ba, a quem agradeço igualmente pela acolhida, pelo chá e pela caminhada na floresta sob a chuva rumo aos vestígios de Yersin.

SOBRE A COLEÇÃO

Fábula: do verbo latino *fari*, "falar", como a sugerir que a fabulação é extensão natural da fala e, assim, tão elementar, diversa e escapadiça quanto esta; donde também falatório, rumor, diz que diz, mas também enredo, trama completa do que se tem para contar (*acta est fabula*, diziam mais uma vez os latinos, para pôr fim a uma encenação teatral); "narração inventada e composta de sucessos que nem são verdadeiros, nem verossímeis, mas com curiosa novidade admiráveis", define o padre Bluteau em seu *Vocabulário português e latino*; história para a infância, fora da medida da verdade, mas também história de deuses, heróis, gigantes, grei desmedida por definição; história sobre animais, para boi dormir, mas mesmo então todo cuidado é pouco, pois há sempre um lobo escondido (*lupus in fabula*) e, na verdade, "é de ti que trata a fábula", como adverte Horácio; patranha, prodígio, patrimônio; conto de intenção moral, mentira deslavada ou quem sabe apenas "mentirada gentil do que me falta", suspira Mário de Andrade em "Louvação da tarde"; início, como quer Valéry ao dizer, em diapasão bíblico, que "no início era a fábula"; ou destino, como quer Cortázar ao insinuar, no *Jogo da amarelinha*, que "tudo é escritura, quer dizer, fábula"; fábula dos poetas, das crianças, dos antigos, mas também dos filósofos, como sabe o Descartes do *Discurso do método* ("uma fábula") ou o Descartes do retrato que lhe pinta J. B. Weenix em 1647, segurando um calhamaço onde se entrelê um espantoso *Mundus est fabula*; ficção, não ficção e assim infinitamente; prosa, poesia, pensamento.

PROJETO EDITORIAL Samuel Titan Jr. / PROJETO GRÁFICO Raul Loureiro

SOBRE O AUTOR

Patrick Deville nasceu em Saint-Brévin, na Bretanha, em 1957, e vive em Paris. Formado em Letras e Filosofia, viajante contumaz, partiu ainda jovem para o estrangeiro, ocupando postos de adido e professor no Golfo Pérsico, na África e em Cuba. Estreou com *Cordon bleu* (1987) e *Longue vue* (1988), seguidos de três outros romances, sempre publicados pelas prestigiosas Éditions de Minuit. Em 2001, fundou em Saint-Nazaire a Maison des Écrivains Étrangers et des Traducteurs (MEET). Em 2004, agora a bordo das Éditions du Seuil, a obra narrativa de Deville toma novo rumo com a publicação de *Pura vida: Vie & mort de William Walker*. O livro inaugura uma série de "romances sem ficção" que investigam o destino das utopias e esperanças modernas nas mais diversas partes do mundo: *La Tentation des armes à feu* (2006), *Équatoria* (2009), *Kampuchéa* (2011), *Peste & Choléra* (2012) e *Viva!* (2014, publicado em 2017 pela Editora 34).

SOBRE A TRADUTORA

Marília Scalzo nasceu em São Paulo, em 1960. Após os estudos de Letras e Jornalismo, lecionou na Aliança Francesa e trabalhou como jornalista na *Folha de S.Paulo* e na editora Abril. É autora, entre outros, de *Uma história de amor à música* (São Paulo: Bei, 2012), em parceria com Celso Nucci. Além de *Viva!*, de Patrick Deville (São Paulo: Editora 34, 2017), traduziu também *Somos todos canibais*, de Claude Lévi-Strauss (São Paulo: Editora 34, no prelo).

Peste e cólera, São Paulo, Editora 34, 2017 TÍTULO ORIGINAL *Peste & Choléra*, Paris, Seuil, 2012 ©Patrick Deville, 2012 EDIÇÃO ORIGINAL ©Seuil, 2012 TRADUÇÃO ©Marília Scalzo PREPARAÇÃO Rafaela Biff Cera REVISÃO Beatriz de Freitas Moreira, Samuel Titan Jr. PROJETO GRÁFICO Raul Loureiro IMAGEM DE CAPA Alexandre Yersin, circa 1900, Pierre Petit ©Bettmann / Getty Images IMAGEM À P. 8 Alexandre Yersin em Hong Kong, 1894, fotógrafo desconhecido ©Science History Images/ Alamy Stock Photo ESTA EDIÇÃO ©Editora 34 Ltda., São Paulo; 1ª edição, 2017. A reprodução de qualquer folha deste livro é ilegal e configura apropriação indevida dos direitos intelectuais e patrimoniais do autor. A grafia foi atualizada segundo o Acordo Ortográfico da Língua Portuguesa de 1990, que entrou em vigor no Brasil em 2009.

CIP — Brasil. Catalogação-na-Fonte
(Sindicato Nacional dos Editores de Livros, RJ, Brasil)

Deville, Patrick, 1957
Peste e cólera / Patrick Deville; tradução de Marília Scalzo —
São Paulo: Editora 34, 2017 (1ª Edição).
216 p. (Coleção Fábula)

Tradução de: Peste & Choléra

ISBN 978-85-7326-669-6

1. Narrativa francesa. I. Scalzo, Marília. II. Título. III. Série.

CDD-843

TIPOLOGIA Plantin PAPEL Pólen Soft 80 g/m^2 IMPRESSÃO Graphium, em julho de 2017 TIRAGEM 3 000

Cet ouvrage, publié dans le cadre du Programme d'Aide à la Publication 2017 Carlos Drummond de Andrade de l'Institut Français du Brésil, bénéficie du soutien du Ministère des affaires étrangères et du développement international.

Este livro, publicado no âmbito do Programa de Apoio à Publicação 2017 Carlos Drummond de Andrade do Instituto Francês do Brasil, contou com o apoio do Ministério francês das Relações Exteriores e do Desenvolvimento Internacional.

Cet ouvrage a bénéficié du soutien des Programmes d'aides à la publication de l'Institut Français.

Este livro contou com o apoio à publicação do Institut Français.

EDITORA 34

Editora 34 Ltda. Rua Hungria, 592
Jardim Europa CEP 01455-000
São Paulo — SP Brasil
Tel/Fax (11) 3811-6777
www.editora34.com.br